Flatrate zu Jesus

AF236992

Bibliografische Information der Deutschen Nationalbibliothek:
Die Deutsche Nationalbibliothek verzeichnet diese Publikation in der
Deutschen Nationalbibliografie; detaillierte bibliografische Daten sind im
Internet über dnb.d-nb.de abrufbar.

2. Ausgabe

© 2022 Barbara Herrmann
Kontakt: Barbaras & Heides Bücherwelt, http://heidezimmermann.de
info@heidezimmermann.de

Herstellung und Verlag: BoD – Books on Demand, Norderstedt
ISBN: 9783755708452

Coverfoto: Pixapay-church-2608425_1920
Fotos: Pixapay ge4066c10b_1920 und g1d2eee217_1280

Barbara Herrmann

Flatrate zu Jesus

Im Schatten des Alltags
unterwegs im WWW des Glaubens

Auf der Suche nach unseren
christlichen Wurzeln und Werten

Das Buch

Weswegen suchen die Menschen wieder zunehmend christliche Werte wie menschliche Wärme, Zuspruch, Verständnis, Hoffnung und Nächstenliebe?

Auffallend ist, dass immer dann verstärkt eine Rückbesinnung auf solche Werte erfolgt, wenn in unserer Gesellschaft einschneidende Veränderungen gegeben sind – so auch in der heutigen Zeit.

Dabei sollte der Zugang zum Glauben in unserer modernen Gesellschaft ebenso fortschrittlich und alltagstauglich sein wie zum Beispiel die Flatrate ins Internet. Diese gibt uns die Möglichkeit, zu suchen und zu finden, zu erfahren, zu lesen, zu sprechen, zu fragen und zu antworten.

Dieses Buch ist ein Router für die Flatrate zu Jesus. Surfen müssen wir allerdings alleine.

Die Autorin

Barbara Herrmann ist in Karlsruhe geboren und in Kraichtal-Oberöwisheim aufgewachsen. Ihre Liebe zu Büchern und zum Schreiben begleitete sie während ihres ganzen Berufslebens als Kauffrau. Nach ihrem Eintritt in den Ruhestand sind mehrere Bücher (Romane, Reiseberichte, humorvolles Mundart-Wörterbuch) von ihr erschienen. Heute lebt die Mutter zweier Söhne mit ihrer Familie in Berlin.

Widmung

Dieses Buch widme ich meiner Großmutter
und meiner Heimat, einem kleinen Dorf im
Kraichtal, die mich geprägt und mir beigebracht
haben, wie ich mit Jesus leben und dadurch
das Auf und Ab des mitunter schwierigen
Lebens besser bewältigen kann.
Durch sie weiß ich auch, dass man mit Jesus
niemals alleine ist und jederzeit mit ihm
auf bequeme Art und Weise reden kann.

Ihre Barbara Herrmann

Inhalt

**Der Zufall ist Gottes Art
anonym zu bleiben.**

(Albert Einstein)

Wozu eine Flatrate zu Jesus?

Flatrate zu Jesus!

Zwischen einer Flatrate und Jesus liegen Tausende von Jahren, das sind viel mehr als nur die sprichwörtlichen Welten.

Wieso deshalb eine Flatrate? Wie kann das im Zusammenhang stehen? Wie geht das?

Weswegen suchen die Menschen wieder zunehmend christliche Werte, und wieso haben wir uns so verändert, dass wir diese wärmenden Einflüsse immer wieder einmal suchen und dann auch wieder glauben, ohne diese Werte auskommen zu können?

Dies geschieht übrigens immer dann sehr extrem, wenn Einschnitte in unserer Gesellschaft erfolgen. Beispielsweise war es auch so, als es von der bäuerlichen Gesellschaft in die Fabrikhallen, in die Industriegesellschaft ging. Hunderttausende zog es damals in die Städte, in die Nähe der Industrie. Und es dauerte lange, bis jeder einen für sich erträglichen Platz in der industrialisierten Welt gefunden hatte.

Die Menschen unserer Zeit befinden sich nicht in einem einzigen, neuen Wandel, nein, sie befinden sich permanent in einer immerwährenden, rasanten Veränderung. Und manchmal geschieht dies so schnell, dass wir es kaum bemerken, oder es fällt uns erst auf, wenn es schon passiert ist. Dies hat zur Folge, dass sich zwischenmenschliche Verhaltensweisen ebenso ständig wandeln – und dies natürlich nicht immer zum Besseren.

Bevor man den Zusammenhang zwischen Jesus und einer Flatrate herstellen kann, gilt es deshalb, Lebensumstände zu vergleichen, die dazu führen, dass wir einmal mehr und einmal weniger intensiv nach christlichen Werten suchen. Nehmen wir dazu das gesellschaftliche Leben zurückliegender Jahrzehnte in seiner Vielfalt und seiner Spannbreite, den schleichenden Übergang von der konservativen, gläubigen Gesellschaft bis hin zur so genannten Spaßgesellschaft. Dieser kaum merkliche Prozess ist äußerst spannend zu beobachten und spiegelt eindrücklich die Gesellschaft in ihrem Handeln wider. Diese verändert sich jedes Mal dann radikal, wenn die Lebensumstände im Alltag andere werden oder geworden sind.

Betrachten wir zum Beispiel die fünfziger und sechziger Jahre des 20. Jahrhunderts mit ihren christlichen, familiären Fundamenten. Die Zeiten nach dem Krieg waren schwer und teilweise auch mühselig. Sie brachten für die Bevölkerung sehr viele negative Momente, die ich damals noch nicht bewusst als solche wahrgenommen habe. Dennoch wurde aber durch den Zusammenhalt untereinander in den Familien, in der Nachbarschaft und durch die Nächstenliebe der allgemeinen Schwere im Alltag die Schärfe genommen. Die schlechten Arbeitsbedingungen kompensierten viele Fabrikanten durch soziale Einrichtungen für ihre Belegschaften.

Mit Beginn der siebziger Jahre wurde es dann schrill, bunt, immer lauter und hektischer. Die beruflichen Anforderungen stiegen ebenso rasant wie die wirtschaftlichen Auftriebe und zunehmend auch die materiellen Wünsche. So wurden oftmals auch die Ellenbogen mehr oder weniger heftig ausgefahren. Die Mittelschicht begann zu wachsen und sich immer schneller vorwärts zu bewegen. Die Menschen hatten oft keine Zeit und auch kein Interesse mehr am Glauben und an der Kirche. Die Folge war in den darauffolgenden zwanzig Jahren eine stille Abkehr vom Glauben, natürlich in vielen Fällen auch eine Abkehr von den dazugehörigen Werten.

Wie wir feststellen mussten, führte dies zu einem Exzess, in dem die Menschen selbst, ihre Arbeit, die Menschlichkeit im Allgemeinen und der Respekt vor den Menschen bei einigen Verantwortlichen keine Rolle mehr spielten. Das Abschöpfen von Gewinnen, das Erniedrigen von Mitarbeitern, Habgier und andere menschliche Abgründe bestimmten bei diesen Herrschaften – und das sind nicht gerade wenige – über weite Strecken den Alltag. Diese Auswüchse vermehrten sich unaufhaltsam und, was problematisch war, es geschah im Verborgenen und endete gar in wirtschaftlichen Krisen und in Krisen ganzer Staatsfinanzen. Es ist kaum zu glauben, dass es möglich ist, mit Scheingeschäften und Luftblasen so viel Geld zu verdienen, obwohl man in diesen Kreisen ahnen konnte, was man den Menschen antat. Dieses Desaster bezahlen allerdings nicht die, die es angerichtet haben. Es bezahlen die Bürger durch ihre Arbeit, durch ihre Steuern und auch durch großen Verzicht.

Mittlerweile, so finde ich, kehren sich die Leichtgläubigkeit und der Glaube, dass es immer höher und immer weiter geht, langsam aber stetig wieder um. Und weil sich solch einschneidende Veränderungen nicht ohne Grund vollziehen, lohnt es sich, etwas genauer hinzusehen, um die Zusammenhänge erfassen zu können.

Die Werte, die christlichen Werte, vor allem menschliche Wärme, Zuspruch, Verständnis, Hoffnung und Nächstenliebe, all das wird also wieder gebraucht und von vielen auch dringend gesucht. Dabei sollte der gewünschte Zugang zum Glauben in unserer fort-

schrittlichen Gesellschaft ebenso modern und alltagstauglich sein wie alles andere, das wir täglich nutzen.

Modern ist zum Beispiel die Flatrate ins Internet. Sie
gibt uns die Möglichkeit, ins Netz zu gehen, zu suchen
und zu finden, zu erfahren, zu lesen, zu sprechen, zu
fragen und zu antworten.

Dieses Buch ist ein Router für die Flatrate zu Jesus.
Surfen müssen wir allerdings alleine.

Die Veränderungen in der Gesellschaft

Mittlerweile hat die Spaßorientierung in der Gesellschaft merklich nachgelassen; die Menschen müssen seit einigen Jahren im Zuge des Wandels von der Industrie- zu einer Dienstleistungs- und Wissensgesellschaft umfangreiche Einschnitte und Veränderungen hinnehmen. Die Maschinen nehmen ihnen zusehends die Arbeit ab, und sie verlieren ihre Arbeitsplätze, die sie über Jahrzehnte innehatten. Sie müssen sich ein völlig anderes und rundweg neues Wissen aneignen, müssen sich total umstellen und in ihrem Arbeitsleben oft auch neue Wege gehen.

Spontan fällt mir dabei ein Mann ein, der viele Jahre an einer Stanzmaschine gearbeitet hat. In den neunziger Jahren, wenige Jahre vor seiner Rente, kaufte sein Arbeitgeber neue computergesteuerte Maschinen. Eine Katastrophe für ihn, denn er sollte, ja, er musste nun die Bedienung eines Computers lernen – ein ehemaliger Bauer, der in die Fabrik ging, um seine Familie ernähren zu können. Ein Mann, der in seinem ganzen Leben nichts mit dieser Art von Technik zu tun hatte, stand vor einer Aufgabe, die ihm als unlösbar erschien. Er sagte sich immer wieder: Ich kann das nicht, ich schaffe das nicht. Wie soll ich die paar Jahre noch meine Arbeit behalten? Seine Frau erzählte mir, dass er aus Angst vor dem Arbeitstag und dem Versagen jeden Morgen mit

Bauchschmerzen und Schweißausbrüchen aus dem Haus ging – eine ungeheure Belastung nicht nur für den Mann, sondern auch für sein Umfeld, das sich Sorgen um ihn machte. Ich kann Ihnen nicht erzählen, was damals aus ihm geworden ist und wie er sein Arbeitsleben beendet hat. Man kann nur erahnen, was solche Veränderungen mit den Menschen machen, unter welchem Druck sie versuchen, um der eigenen Existenz willen mit der rasanten Entwicklung Schritt zu halten.

Wir sind jetzt weit mehr zwanzig Jahre weiter, und das Rad dreht sich mittlerweile noch schneller. Der Druck und der Stress, in dem sich die Menschen bewegen, ist eher noch stärker geworden. Unternehmensformen verändern sich fast täglich, weltweite Übernahmen und Fusionen von Firmen sind an der Tagesordnung. Im Dschungel der Verflechtungen tobt dann der Konkurrenzkampf um die günstigsten Produktionen, das billigste Produkt, die niedrigsten Löhne. Diese steigen wesentlich nur für wenige, ein bisschen steigen sie für einen Teil, für den Durchschnitt der Bevölkerung stagnieren sie jedoch. Man kann es kaum glauben, doch bei vielen geht das Lohnniveau sogar nach unten. Das Argument, dass, wenn wir nicht billiger werden, die Arbeitsplätze ins Ausland gehen, muss selbst für diejenigen herhalten, die gar nicht ins Ausland gehen können. Und kein einziger derer, die diese Worte aussprechen, schämt sich dafür, diese Argumente in aller Öffentlichkeit ständig zu benutzen. Fast schon aberwitzig ist in diesem Zusammenhang die Vorstellung, wie es wäre, wenn zum Beispiel der heimische Paketdienst, der Sicherheitsdienst auf dem Flughafen und der Friseur ins Ausland auswandern würden. Mein Paket vom Versandhändler würde dann wohl von einem Heinzelmännchen zugestellt, meine Kontrolle am Flughafen würde wohl dann erst am Zielort erfolgen, weil bei uns keiner mehr da ist, und für den Friseurbesuch würden wir Google Street View bemühen, um auf dem schnellsten Weg eine Landesgrenze zu finden. Zur Not könnten wir uns ja auch gegenseitig die Haare schnippeln. Natürlich kann man jetzt argumentieren, dass ein Billiganbieter aus anderen Ländern das übernehmen oder aus Grenznähe sein Unternehmen steuern und die Aufträge mit billigen Kräften aus der Heimat abwickeln könnte. Aber das ist ja nicht neu, das macht er doch sowieso. Dennoch muss er hier im Land sein, um seine Aufträge abwickeln zu können, und nicht irgendwo im Ausland. Wer hindert uns also daran, menschliches Verhalten und anständige Bezahlung einzufordern? Niemand!

Selbstverständlich gibt es auch hier viele rühmliche Ausnahmen, humane Arbeitgeber mit festen menschlichen Vorstellungen, mit Werten, auch mit christlichen Werten. Dies mag sich jetzt für den einen oder anderen parteipolitisch anhören, so ist es aber nicht gemeint.

Politische Entscheidungen sind eben das Gerüst für den Rahmen, in dem sich Menschen bewegen. Und deshalb hat das Thema viel mehr mit Werten und Menschlichkeit zu tun, als wir das zunächst denken und vielleicht auch zugeben wollen. Es ist überhaupt nicht parteibezogen und hat auch nichts mit linker oder rechter Gesinnung zu tun, sondern mit dem Alltag, einem Alltag, der uns Menschen das Leben nach einem arbeitsreichen Tag einigermaßen lebenswert machen sollte.

Die Möglichkeit, dass die Unternehmen mit der Arbeit ins Ausland gehen, gibt es jedoch auch tatsächlich und nicht nur als vorgeschobene Begründung. Und das macht die Sache nicht besser. Hierfür habe ich auch ein persönliches Beispiel: Eine Frau arbeitete in Vollzeit bei einer Zeitarbeitsfirma, die für einen Großkunden die komplette Sachbearbeitung in der Kundenbetreuung übernommen hatte. Dabei handelte es sich also um eine qualifizierte kaufmännische Tätigkeit, denn dort wurden die Vertragsabschlüsse, die Kündigungen und alle anderen vertraglichen Bearbeitungen verantwortungsvoll erledigt. Die Anreise zum Arbeitsplatz betrug knappe zwei Stunden, die Wochenarbeitszeit vierzig Stunden im Schichtdienst bis kurz vor Mitternacht. Wie lange die Rückfahrt von der Arbeit dauerte, kann sich jeder selbst vorstellen. Der Arbeitgeber und der Auftraggeber forderten die Bearbeitung eines Kundenanliegens am Computer in durchschnittlich 3 ½ Minuten. Die Stückzahlen wurden festgehalten und selbstverständlich überwacht. Eventuelle Fehler wurden den Mitarbeitern einmal in der Woche vorgelegt. Der Stundenlohn betrug € 6,80. Die Frau in meinem Beispiel lebte nur knapp über der Grundversorgung, die einem Menschen bei uns im Land zugebilligt wird. Doch noch nicht genug: Irgendwann entschloss sich dann das Großunternehmen, die Sachbearbeitung aufzuteilen. Die einfachen Abläufe verlagerten sie nach Asien und die komplizierteren wurden wieder ins Unternehmen eingegliedert, wahrscheinlich mit Neueinstellungen, die pro Stunde wohl wieder etwas weniger verdienten als die früheren Mitarbeiter. Innerhalb weniger Wochen standen fast einhundert Männer und Frauen ohne ihre Arbeit da. Das Arbeitslosengeld bei diesem Lohn war so niedrig, dass sofort ergänzendes Sozialgeld benötigt wurde.

Ist das eines Menschen in Deutschland würdig? Sind das die Werte, die wir uns wünschen? Die Frau hat schon für kleines Geld eine große Leistung erbracht. Nun muss sie als Bittstellerin den Staat in Anspruch nehmen, obwohl sie so fleißig war. Kündigt man so einfach und schnell die Verträge, obwohl man diese Menschen die ganze Zeit in Anspruch genommen hat und weiß, dass diese dann alle auf der Straße stehen? Wie eine Karawane weiterzuziehen und dann anderswo die

Menschen noch schlechter zu behandeln, macht die Sache noch schlimmer. Es geht hier nicht um Wachstum und wirtschaftliche Zusammenhänge, es geht ausschließlich um die Menschen und ihre Würde. Dabei handelt es sich um ein weltweites Problem, das wohl nicht mit Geld und guten Worten, sondern nur mit Werten in den Griff zu bekommen ist. Zu wünschen wäre, dass viele Arbeitgeber eine persönliche Flatrate zu Jesus anstreben, denn dann wären dessen gepredigte Werte die Basis, auf der ein Teil der wirtschaftlichen Entscheidungen gefällt würden. Dass es so tatsächlich geht, zeigen uns viele Unternehmen in ihrer täglichen Arbeit.

Das Geld im Portemonnaie der Menschen wird also knapper, bei vielen jedenfalls. Die Angst um die Arbeit ist mittlerweile ein ständiger Begleiter geworden. Nichts ist mehr übrig geblieben von dem früher immer zitierten einen und einzigen Arbeitsplatz, bei immer derselben Firma bis hin zur sicheren Altersversorgung. Es gibt mehr und mehr kurze, befristete Arbeit, man geht gegebenenfalls in den Billiglohnbereich, und gelegentlich sitzt man auch ohne Arbeit zu Hause. Man spricht wieder von und über Armut, vor allem über Kinder in Armut und über Suppenküchen.

Doch wie kommt es dazu? Wie kann es sein? Beleuchten, vergleichen wir doch den Durchschnitt der Gesellschaft, den Arbeiter, den kleinen Angestellten, die, die damals die Fabrikhallen füllten. Heute wären dies die Facharbeiter, der Bürokaufmann und der Zeitarbeiter.

In den fünfziger Jahren, gleich nach dem Krieg, waren bei vielen das Geld und das Essen knapp. Da wurde die Butter ganz dünn und bedächtig auf das Brot geschmiert und gleich wieder heruntergekratzt. Hauptsache, man hatte den Geschmack im Mund. Die Wurst wurde in Portionen von 100 Gramm beim Metzger gekauft – natürlich nicht pro Person und natürlich in aller Regel nur einmal die Woche. Fleisch gab es nur am Sonntag, den so genannten Sonntagsbraten. Der Brotaufstrich war vornehmlich Margarine, und dazu gab es selbstgemachte Marmelade. Zuckerbrot oder auch Margarine mit Salz sollten eine gewisse Abwechslung bringen. Getrunken hat man überwiegend Gänsewein (so wurde das Wasser etwas vornehmer bezeichnet), wenn es gut ging, mit ein bisschen Sirup vermischt, und wenn man ganz viel Glück hatte, so gab es im Keller für die Erwachsenen ein Fass Most.

Kaffee war ein Zauberwort und signalisierte einen ganz bescheidenen Wohlstand, allerdings gab es ihn ebenfalls nur am Sonntag, wenn die ganze Familie in der guten Stube bei Kaffee und Kuchen saß. Im Alltag begnügte man sich mit Ersatzkaffee, zum Beispiel Lindes, umgangssprachlich nannte man ihn auch Muckefuck. Damit er schwarz aussah und geschmacklich einigermaßen annehmbar war, hat man Kaffeezusatz beigefügt, der aus inulinreichen Zichorien mit naturreinem Fruchtzucker hergestellt, geröstet, gemahlen, in Tabletten gepresst und in roten Rollen verpackt war. Besonderes Glück hatte man, wenn man auf dem Land wohnte. Wer einen Bauernhof hatte, konnte sich das tägliche Brot neben dem Familieneinkommen ausreichend sichern.

Außerdem gab es noch sehr viele Kleinbauern, die neben der vollen Erwerbstätigkeit ein paar Landstücke und wenige Tiere hatten. Sie sorgten durch ihre mühevolle landwirtschaftliche Nebentätigkeit für den gedeckten Tisch. Dies waren schon enorme Vorteile gegenüber der städtischen Bevölkerung, die sich nicht mit ein paar Samenkörnern ihr Gemüse anpflanzen konnte. Sie hatte wirklich nur das, was sie kaufen, tauschen und sich auf vielen Umwegen besorgen konnte.

Doch nicht nur das Essen war schwierig zu beschaffen. Da war der Alltag, der ausgefüllt von schwerer, harter Arbeit war. An sechs Tagen pro Woche, mindestens 10 Stunden am Tag stand man in der Fabrik, am Fließband und arbeitete im Akkord – ein Wort, das man heute beinahe gar nicht mehr kennt, das irgendwie fast verschwunden ist. Doch man sollte sich nicht täuschen lassen, heute erobert es unter anderen, verschönten Namen wieder seinen Platz. Sogar im Büro bei der Abarbeitung von Kundenanfragen wird die zu erreichende Stückzahl vorgegeben – leider ohne die früher üblichen Prämien für gute Leistung. Akkord bedeutete damals, dass das Band auf eine bestimmte Geschwindigkeit eingestellt war und eine festgelegte Stückzahl in der Produktion bearbeitet werden musste. An diesen Stückzahlen war der Lohn festgesetzt: je mehr Leistung, desto mehr Geld. Niemand sprach von Stress. Jeder fügte sich, war froh, Geld verdienen und die Familie ernähren zu können. Man hat eher noch darauf spekuliert, Überstunden zu machen, die manches kleine Extra ermöglichten.

Wie wir bereits festgestellt haben, hungerte man nicht gerade, man litt aber auch nicht am Wohlstandsspeck. Wie soll ich das beschreiben? In welche Worte soll ich es fassen, damit man sich die Situation einigermaßen vorstellen und mit dem Heute vergleichen kann? Der durchschnittliche Wochenlohn bewegte sich damals zwischen 50 und 70 DM. Damit kam man im Grunde nicht sehr weit. Ich erinnere mich, dass generell die ganze Woche beim Kaufmann an der Ecke angeschrieben wurde, und wenn der Vater am Wochenende den Lohn nach Hause gebracht hatte, wurde die offene Summe bezahlt. Das war bei vielen so, es waren nicht wenige, die diese Zahlpause nutzten. Heute frage ich mich, wie viele Rücklagen dann wohl der Tante-Emma-Laden brauchte, um für das halbe Dorf in Vorleistung zu gehen? Das war eigentlich damals kein Thema in der Wirtschaft, zumindest kann ich mich nicht erinnern, je davon gehört zu haben. Ob der kleine Kaufmann seine Lieferanten auch so viel später bezahlen durfte, wie seine Kunden ihn bezahlten?

In unserer heutigen Zeit sind nur wenige bereit, für den Nachbarn in Vorleistung zu gehen. Nicht vorstellbar, dass man in seiner Straße in ein Geschäft geht und, nachdem man alles in der Tasche verstaut hat, sagt: „Schreibe es auf, ich zahle am Freitag". Es gibt auch diese persönlichen kleinen Geschäfte so gut wie gar nicht mehr, wo man immer hingehen konnte, wo man sich und die Sorgen eines jeden kannte, wo man als Nachbar auch mal fragen konnte, ob man ein Brot bekommt und das Geld eben etwas später vorbeibringen darf. Jeder kannte ja die persönlichen Verhältnisse des anderen und niemand verlangte eine Erklärung.

Heute muss man sich im schlimmsten Fall bei der örtlichen Tafel anstellen und sich automatisch als Bedürftiger zu erkennen geben. Dies zu tun, ist heute nicht mehr selbstverständlich. Viele Menschen schämen sich, in einer solchen Situation zu sein, weil eben viele auch diesen Weg nach unten von einer halben Höhe aus antreten mussten. Von weitem wird mit dem Finger auf die Menschen gezeigt, und die Schlangen der Bedürftigen scheinen dort immer länger zu werden. Ganze

Familien pilgern zu den sozialen Essensausgaben, um eine warme Mahlzeit zu erhalten. Mittlerweile erheben sich verschiedene Stimmen, dass es gar nicht so gut sei, immer mehr Tafeln oder andere ähnliche Einrichtungen zu haben. Das Argument ist immer dasselbe: Es stellt keine Hilfe zur Selbsthilfe dar, es trägt nicht dazu bei, dass sich die Menschen eine Arbeit suchen, um sich selbst ernähren zu können, und es macht die Leute träge und bequem. Ich frage mich, was in manchen Köpfen vorgeht, solch eine Denkweise an den Tag zu legen. Seriös finde ich das auf keinen Fall, weil niemandem auf der Stirn geschrieben steht, ob er faul und träge ist. Das ist eine pauschale Einschätzung ohne fundierte Zahlen.

Zurück zu den Fünfzigern: Im Allgemeinen war bei der Durchschnittsfamilie der Hausstand spartanisch, weil Elektrogeräte und Haushaltshilfen bis auf wenige Ausnahmen noch gar nicht vorhanden waren. Ein Radio war in dieser Zeit die reinste Freude und der Kontakt zur Welt. Etwas später kamen für die Bessergestellten die ersten Waschmaschinen. An der Bekleidung wurde – so gut es ging – herumgedoktert, nach dem Motto „Aus Alt mach Neu". Soweit es ging, schaffte man sich auch in Stadtnähe ein Stückchen Schrebergarten an, um im Eigenanbau die Teller zu füllen. Wer das nicht hatte, dessen Familie knurrte schon mal gelegentlich der Magen, darüber hatten wir ja schon gesprochen.

Und dennoch kann man sich das heute nicht mehr vorstellen: Am Samstag wurde geschwoft, getanzt und gelacht. Sonntags ging es hinaus ins Grüne und obendrauf noch ins Wirtshaus auf eine Bratwurst und ein Bier. Wie konnte das gehen? So erschöpft, so müde war man doch von der schweren Arbeit. Wie konnte das sein, mit so wenig Geld? Eigentlich hätte man doch die Bilder des Krieges noch im Herzen haben, den Hunger und die anderen Schwierigkeiten vor sich hertragen und eher jammern müssen. Das war doch alles traurig, schwer und mühsam.

Ja, das war es, aber – ein großes „Aber" – aus meiner Sicht machte etwas ganz Wesentliches den Unterschied zu den heutigen Gegebenheiten aus: Es ging aufwärts. Alle fanden eine Arbeit und wussten, wenn sie fleißig waren, dann konnten sie etwas schaffen, etwas erreichen. Über die schlechten Arbeitsbedingungen müssen wir hier nicht sprechen, die würden alleine ein dickes Buch füllen. Die Probleme, die Nebengeräusche wurden einfach weggetanzt und weggelacht. Sie wurden mit einem Lächeln in die Ecke gestellt, um Kraft zu tanken für die nächste Arbeitswoche.

Auch hier fällt mir spontan ein junges Ehepaar ein, dessen Lebenseinstellung ich hier als Beispiel erzählen kann: Sie bewohnten eine kleine Mietwohnung, ein Zimmer und eine Küche. Die Küche war ziemlich groß und diente auch als Wohnzimmer. Der Mann verdiente sein Geld im Akkord bei einer großen Firma in der nächsten Kreisstadt und fuhr jeden Tag mit dem Zug zur Schicht. Sein Gehalt war ganz klein. Seine Frau hatte keine feste Anstellung, aber Heimarbeit gefunden. Sie nähte mit ihrer Nähmaschine einen Saum in schwarze, runde, feine Netze – die Stoffe für Radiolautsprecher, die wir auf alten Fotos heute noch entdecken können.

Um ein paar Mark verdienen zu können, musste die Nähmaschine rauchen, das kann ich versichern. Eine solche Naht hat nicht mehr als ein oder zwei Pfennige gebracht. Die Kinder der Nachbarschaft durften oft helfen, indem sie Schnüre in den Saum einzogen. Das Ehepaar kam nur gerade mal so über die Runden. Doch trotz der nicht einfachen Zeiten sind die beiden ein schönes Beispiel für Mut, Fantasie und auch Lebensfreude. Ich werde nie vergessen, mit welcher Begeisterung die beiden ihre Freude am Fasching, am Karneval ausgelebt haben: Zu dieser Zeit faszinierte die Vorstellung von Raumschiffen und einer möglichen Reise ins All die Menschen. So setzte der junge Mann im Karneval seine Begeisterung um, indem er eine mannshohe Rakete aus sehr dicker Pappe baute, diese mit Silberbronze anstrich und mit Schriftzügen verschönerte. Innen brachte er zwei Schlaufen an, damit man die Rakete in die Arme einhängen, sie hochheben und dann damit umhergehen konnte. Zum großen Tanzvergnügen am Samstag in der Dorfgaststätte stellte sich seine Frau in diese Rakete hinein. Alle hatten so viel Freude an diesem Anblick, dass die Rakete den ganzen Abend lang zu jeder Tanzrunde aufgefordert wurde. Lebensfreude und ein positiver Blick in die Zukunft ermöglichten es den beiden, ihren Alltag zu gestalten und zu bewältigen.

Der Druck des Staates war damals auch nicht so ganz ohne und muss an dieser Stelle erwähnt werden. Mir fällt ein, dass bei einer Krankmeldung ein Außendienstmitarbeiter der Krankenkasse als Krankenkontrolleur unterwegs war. Er sollte prüfen, ob krankgeschriebene Arbeitnehmer bettlägerig waren oder nicht. War man bettlägerig, durfte man das Haus nicht verlassen und spähte stets aus dem Fenster, um zu sehen, ob ein Kontrolleur im Anmarsch war. So konnte man bei Bedarf schnell unter der Bettdecke verschwinden, wenn einer mit einer Aktentasche um die Ecke kam.

Und jetzt stelle ich mir vor, was wohl passieren würde, wenn die heutige Regierung wieder Krankenkassenkontrolleure losschicken würde. Prost Mahlzeit! Ich will damit sicher nicht sagen, dass es damals gut war, nein, ich möchte dies völlig wertfrei erzählen, und jeder kann sich ein Bild davon machen, was den Menschen in dieser Zeit als Selbstverständlichkeit zugemutet wurde und wie diese das mit eben solcher Selbstverständlichkeit und ohne zu murren akzeptiert und hingenommen haben.

Und auch sonst ging es vom Staat und aus den Familien heraus streng zu: konservativ eben, keine langen Haare für die Jungs, die Frau unter der Aufsicht des Mannes: Bitteschön am Abend die Pantoffeln vor das Kanapee stellen, wenn der Ernährer nach Hause kam. Zucht und Ordnung schwebten ebenso wie ein Damoklesschwert über die Schule und die Familie. Nicht ohne Grund entstand ein paar Jahre später die legendäre 68er Bewegung. Und wie wir erst in jüngster Zeit erfahren haben, sind unter dem Deckmantel des Schweigens viele unschöne Dinge geschehen. Anderes geschah wiederum ganz offen, so zum Beispiel die Züchtigung in Schule und Elternhaus. Jede Zeit hat also ihre hellen und dunklen Flecken, die erst sehr viel später neu bewertet und eingeordnet werden können.

Was aber heute schlimmer ist als damals: Für sehr viele geht es heute nicht aufwärts, sondern manchmal auch – ob nur gefühlt oder tatsächlich – eher abwärts. Zumindest treten viele Menschen auf der Stelle und blicken in eine ungewisse Zukunft. Der Unterschied ist einfach: Wenn die Miete, die Energie- und andere Nebenkosten überschaubar sind, das Gehalt im Verhältnis dazu langsam steigt und außerdem genügend Arbeitsplätze vorhanden sind, ist dies aus der Sicht der Menschen in Ordnung. Denn so können sie zuversichtlich nach vorne schauen. Es kann sich in einer solchen Situation jeder vorstellen, dass er vorankommt, wenn er viel und gut arbeitet. Gehen das Einkommen und die Auswahl an guten Arbeitsplätzen aber zurück, die Miete, die Nahrungsbeschaffung und die Energie jedoch unentwegt nach oben, dann kommt irgendwann die Stelle, an der die Schere aufgeht, an der die Rechnung nicht mehr der Mathematik folgt, an der sich Ausgaben und Einnahmen nicht mehr die Waage halten. Dann sitzt Verzweiflung und Angst und manchmal auch die nackte Not mit am Küchentisch.

Aus dieser Gegebenheit heraus, aus der Sorge und der Angst um den Alltag und um ein würdevolles Leben wollen die Menschen wieder Werte, an denen sie sich festhalten können. Sie möchten Haltestangen wie bessere oder zusätzliche Arbeit, Unterstützung durch Freunde und Familie, auch und insbesondere die Haltestange des Glaubens.

Dabei fällt es nicht jedem leicht, diesen unbekannten oder vergessenen Weg zu gehen. Viele haben auch gar keine Erfahrung mit Gedanken an Gott, Jesus und den Glauben. Sie waren noch nicht in einer solch hilflosen Situation, in die sie nun ohne oder mit ihrem Zutun hineingeraten sind. Und leider braucht es oft eine hilflose und schwere Situation, damit sie sich erst damit auseinandersetzen. Sie sehen ein Knäuel, ein ziemlich verworrenes Knäuel, und suchen den Anfang des Fadens.

Aller Anfang ist aber bekanntlich schwer. Und unsere Verhaltensweisen sind heute nicht mehr dieselben wie vor fünfzig Jahren, auch diese haben sich stetig verändert. Deshalb müssen wir andere und auch moderne Wege gehen auf unserer Suche nach Geborgenheit, nach Zuversicht.

Ganz modern gedacht, hätten wir gerne eine Flatrate. Auf Deutsch bedeutet dieser Begriff eine stets offene Standleitung, die wir zu einem monatlich festen Betrag bestellen und die uns dann, wann immer wir es wollen, rund um die Uhr zur Verfügung steht.

Etwas ganz Bequemes, wie wir das inzwischen vom Internet gewohnt sind, eine offene Leitung, die es uns jederzeit ermöglicht, aktiv zu werden, wo wir zu jedem Zeitpunkt sagen können, was wir denken, wo wir fragen können, wenn wir unsicher sind, wo wir bitten können, wenn wir Hilfe und Beistand brauchen, und wo wir manchmal auch einfach nur Danke sagen können.

Nicht ohne Grund sind Foren, Blogs und ähnliche Portale bei den Internetnutzern so beliebt – nicht zu vergessen die neuen sozialen Netzwerke, die wachsen und wachsen und eigentlich nur die Lücken füllen, die unser persönliches Umfeld mittlerweile aufgerissen hat.

Was geschieht in diesen Netzwerken? Man kann erzählen, was einen gerade bewegt, was man tut oder gerne tun würde. Es hört einem meistens einer zu und oft kommt auch eine Antwort. Man fühlt sich nicht allein, man sammelt ganz leicht neue Freunde und findet manchmal auch verlorene alte Freunde wieder. Ganz unabhängig, ob die Reaktionen ernst und gut gemeint sind, die uns da so vermeintlich einfach entgegen kommen, dem Einzelnen ist es zunächst einmal wichtig, dass überhaupt eine Reaktion kommt.

Eine Flatrate und die Kontaktmöglichkeiten im Internet sind also einfach, wir kennen uns damit aus, und wir nutzen sie aus dem täglichen Selbstverständnis heraus.

Um aber auch die Flatrate zu Jesus bestellen und einrichten zu können, brauchen wir eine einfache Bedienungsanleitung. Damit aber keine Missverständnisse aufkommen: Ich liefere Ihnen mit diesem Buch keine zuverlässige DSL-Leitung, die garantiert, dass die Verbindung immer steht. Ich bin selbst auch nur ein User, und ich kann nur von meiner Hardware berichten und erzählen, ob mein innerer Provider zuverlässig ist und ob meine Software funktioniert. Jeder muss dann wie im richtigen Alltag auch seinen Provider und seine Hardware selbst aussuchen und seine persönliche Software installieren.

Unser Router muss in jedem Fall kompatibel sein im Alltagsleben, auch wenn wir nicht viel Zeit haben. Für alte Rituale und Liturgien haben wir ja kaum noch Sympathien. Obwohl – wer weiß das schon? Vor einiger Zeit haben Mönche mit ihren liturgischen Gesängen die Charts gestürmt, und wenn der Papst die Jugend ruft, pilgern Hunderttausende zum gemeinsamen Gebet. Vielleicht ist der Wandel der Zeit wieder einmal schneller, als wir glauben.

Und anstatt einer Bedienungsanleitung zu formulieren, die in der Regel sowieso keiner verstehen kann und die besserwisscrisch klingen würde, erzähle ich Ihnen von meinen Erlebnissen, von schwierigen Momenten, von schönen Momenten, von Zufälligkeiten mit dem Zufall oder mit Jesus, natürlich auch vom Zweifeln, vom Zögern und vom Zaudern.

Ich erzähle Ihnen, warum ich eine Flatrate habe, wie ich dazu gekommen bin, wie ich sie nutze und wie sie mir hilft. Ich berichte Ihnen von meinen Gedanken über Gott, Jesus und die Welt. Und natürlich sind da auch andere Menschen eingebunden mit ihrem Leben und Handeln, mit ihren Beispielen und Lebenserfahrungen.

Dieses Buch soll Sie schlicht durch den Alltag führen und anhand gelebter Erzählungen und Beispielen zum Nachdenken anregen und Ansporn geben, wie man – wenn man es denn will – ganz einfach mit Jesus kommunizieren kann.

Über das Leben mit Jesus

Mein Leben mit Jesus war und ist bis heute nicht so, wie sich manche Menschen, die sich noch nicht mit dem Glauben beschäftigt haben, ein im Glauben ruhendes Leben vorstellen. Ich weiß schon, dass in diesem Punkt die allgemein üblichen Vorurteile greifen.

Wie in anderen gesellschaftlichen Gegebenheiten werden oft Extreme zu Grunde gelegt, die in der Realität nicht vorhanden sind.

So wird gelegentlich durch lange etablierte Überlieferungen vermutet, dass Gläubige enthaltsam leben, enthaltsam von Besitz und weltlichen Lebensformen.

Das muss ja so sein, meinen einige Menschen, wenn man an Jesus glaubt und sich mit ihm verbunden fühlt. Man hat so viel davon gehört, was man tun und lassen darf, was oberste Christenpflicht ist und was nicht. Von Generation zu Generation werden Sitten und Gebräuche, auch mystische Gegebenheiten weitererzählt, manchmal inhaltlich verändert und ganz selten im Ganzen übernommen. Letztendlich schlussfolgert man auch aus dem, was Jesus gepredigt hat. Im neuen Testament sprach er von Verzicht, von Enthaltsamkeit, von Demut und Großmut – allesamt anstrengende Dinge, die mit Rücksichtnahme auf andere und natürlich mit eigenem Verlust verbunden sind. Diese Aussicht ist nicht

gerade prickelnd, könnte man meinen, wenn man oberflächlich nachdenkt und versucht zu verstehen.

Andere wiederum denken dabei an die Enthaltsamkeit in Verbindung mit der Sexualität und der absoluten
Treue in einer Beziehung. Und wiederum andere denken, dass es neben den vielen weltlichen Verpflichtun-
gen sehr anstrengend ist, an jemanden zu glauben, von
dem man nicht weiß, ob es ihn tatsächlich gibt. Wer hat
ihn je schon einmal gesehen, fragen sich viele immer
wieder. Das ist doch gar nicht bewiesen, konnte nie
bewiesen werden. So klingen die Erklärungen, so lautet
der Tenor, wenn Menschen argumentieren, die sich irgendwann nicht mehr mit dem oder mit ihrem Glauben
auseinandergesetzt oder sich bewusst davon abgewandt
haben. Oft setzt man die weltlichen Kirchenoberen,
ihre Worte und ihre Taten mit dem Alltag in Verbindung, schlussfolgert deren Verhalten als nicht modern
und überzeugend, was es ja oft auch nicht ist.

Und dann gibt es da ja auch ein paar alte überlieferte
Schriften, die hunderte Male übersetzt und interpretiert
wurden. Es kommt ein Wort zum anderen, wird ver-
dreht, und schon hört sich alles ganz anders an, als es
ursprünglich gemeint war.

Doch wie war es denn ursprünglich gemeint? Die
Sichtweise von damals ist doch überhaupt nicht zu vergleichen mit der Sichtweise von heute. Die Gelehrten

schauten vor Tausenden von Jahren mit einem ganz anderen Blick auf Situationen, als wir dies heute tun. Selbst die moderne Wissenschaft hat an der einen oder anderen Stelle ihre Zweifel, dass etwas so war, wie es in der Bibel geschildert und überliefert ist.

So könnte zum Beispiel die vielzitierte und berühmte Sintflut ein Seebeben mit einem anschließenden Tsunami gewesen sein. Eine logische Schlussfolgerung also? Ist das für speziell dieses Ereignis die rationale Erklärung?

Unzählige Autoren beschäftigen sich in ihren Büchern mit den Schreibern der Bibel. Ebenso eifrig sind Wissenschaftler, die natürlich Dinge und Vorkommnisse, deren Beweis sie nicht zu einhundert Prozent führen können, rundweg in einen extra Ordner packen. Wissenschaft will Bestätigung und Beweise. Den Schreibern der damaligen Zeit wird teilweise unterstellt, unzuverlässig gewesen zu sein. Und so reihen sich Deutungen, Meinungen und Untersuchungen immer wieder aneinander. Es kann keine durchgängige rationale Beweisführung stattfinden. Viele Fragen bleiben deshalb wohl für immer offen:

Ist da wirklich etwas Reales und nichts Mystisches an den Schilderungen der Bibel? Oder ist doch einiges an Mystik vorhanden? Und wenn ja, wie viel?

Überlegen wir doch einmal: Jesus kam und hat uns seine Botschaft gebracht. Er, den es eigentlich gar nicht gibt, der – wie wir glauben – eigentlich mystisch ist, wird in der Weltgeschichte erwähnt, wird im Zusammenhang mit dem Wirken von römischen Kaisern zeitlich eingeordnet. Und es werden Namen genannt wie Herodes, Pontius und Pilatus. Also hat Jesus in einer präzise genannten Zeit gelebt. Er ist kein mystisches, zeitloses Geschöpf. Man liest auch mehrmals vom Menschensohn. An dieser Tatsache ist nichts zu deuteln. Und wir brauchen sie auch nicht zu diskutieren.

Die Frage ist nur: Ist Jesus der Sohn Gottes? Ist Jesus auferstanden von den Toten? Ist er gen Himmel gefahren? Wie wollen wir diese Fragen beantworten? Wollen wir individuell einen Beweis suchen? Oder wollen wir an das glauben, was die Bibel berichtet, was die Jünger uns gesagt und erzählt haben?

Die lange Geschichte vom Anfang des Lebens ist nicht das, was wir hier in aller Tiefe behandeln wollen und können. Man muss das immer wieder an den entsprechenden Stellen betonen, weil sich doch Zweifel und Fragen in unser Leben einschleichen, die wir gerne beantwortet hätten.

Neue Erkenntnisse mit immer wieder neuen Möglichkeiten und Hintergründen werden immer wieder aufs Neue in vielen Büchern und Abhandlungen erörtert. Dies haben Menschen in allen Jahrhunderten getan und dafür jahrelange Recherche betrieben.

Deshalb bleiben wir hier schlicht beim Alltag, bei unseren Wünschen und Sehnsüchten, bei unserer Not, wenn etwas Schlechtes passiert, und bei unserer Freude, wenn es etwas zu bestaunen oder etwas Schönes zu erleben gibt.

Und dann gibt es noch welche, die denken, dass normalerweise ein frommer Mensch mehrmals täglich betet und ständig in die Kirche geht, und da dies sowieso nicht mehr „in" ist, was ja jeder weiß, pflegt man natürlich auch diese Vorurteile.

Traurig stimmt mich das Abwenden vom Glauben, indem man entschieden erklärt, aus der Kirche auszutreten, weil man ja nicht Mitglied einer Kirche sein muss, um ein gläubiger Mensch zu sein. Schaut man näher hin, dann sind das nicht die Gedanken um den Glauben, sondern oft rein finanzielle Überlegungen, die einen zu einem solchen Schritt bewegen. Natürlich, das sehe ich auch so, muss man nicht Mitglied einer bestimmten Kirche sein, um seinen Glauben zu leben. Aber ist es nicht so, dass der Abstand immer größer wird, sobald das Zugehörigkeitsgefühl nicht mehr da ist?

Betrachten wir das doch an einem Beispiel: Nehmen wir an, wir sind bisher einmal in der Woche in einen Sportverein gegangen. Dort haben wir uns regelmäßig eine Stunde sportlich betätigt und anschließend mit ein paar lieb gewonnenen Mitstreitern in der Vereinsgaststätte eine nette Zeit verbracht. Nun treten wir aus dem Verein aus. Geschieht das, weil wir glauben, wir können uns das Geld sparen und unserem Körper die gleiche Bewegung kostenlos beim Spaziergang zumuten? Glauben wir das wirklich? Ist es nicht eher so, dass wir alleine unseren Waldlauf nicht regelmäßig machen würden? Wir hätten schnell eine Ausrede parat, wenn das Wetter schlecht ist oder sonst etwas dazwischenkommt. Und was ist mit den sozialen Kontakten, dem Gefühl, in einer Gemeinschaft zu sein, dem Gefühl, dazuzugehören?

Die anderen gehen ja noch hin, die sehen sich immer wieder, und die bleiben dabei. Und wir selbst würden immer weniger tun, uns immer mehr entfernen und uns immer weiter zurückziehen. Das würde unserem Körper nicht guttun, und die Geborgenheit in der Gemeinschaft würde uns auch fehlen.

Und genauso ist das mit der Zugehörigkeit zu einer Glaubensgemeinschaft (zu welcher auch immer) auch. Zum Geld, zur Kirchensteuer ist zu sagen, dass die Kirchen viele soziale Aufgaben in der Kranken- und Altenpflege übernehmen. Eine gute Anlage für helfende Hände, so finde zumindest ich.

Und da es also nicht mehr schick ist, einer Kirche anzugehören, pflegt man natürlich alle Vorurteile, und viele Menschen nähren damit ihre Voreingenommenheit. Es ist ja auch bequemer, eine Meinung zu übernehmen, anstatt sie mühselig zu hinterfragen.

So banal ist das alles aber insgesamt nicht zu sehen. Das Leben ist vielfältig, manchmal auch umständlich oder merkwürdig kompliziert. Das Leben hat eigentlich keine Schubladen. Wir Menschen denken so klein und sortieren in Schubladen, weil wir glauben, dass es dann übersichtlicher ist. Doch anstatt Übersicht entsteht in der Regel Engstirnigkeit und Voreingenommenheit. Dennoch folgen viele Menschen in ihrer Wahrnehmung dieser Widersinnigkeit. Dazu ist es nötig, dass wir in unseren gesellschaftlichen Spiegel schauen.

Sie fragen sich nun, was das alles mit dem Glauben und auch mit einer persönlichen Flatrate zu Jesus zu tun hat?

Eine ganze Menge! Wir müssen uns schon vergegenwärtigen, was wir gemeinsam tun und gemeinsam nicht tun. Nur wenn wir uns über die Auswirkungen unseres Handelns im Klaren sind, werden uns Jesus und seine Lehre plausibel. Dann erkennen wir, was er seinen Jüngern und damit auch uns sagen wollte. Es öffnet uns die Augen dafür, was wir im Kleinen beitragen und verbessern können, und lässt uns heranrücken an Werte wie Güte, Hilfe, Liebe und Respekt – alles Dinge, die im christlichen Wertesystem eine Selbstverständlichkeit sind, um nicht zu sagen, dass die Werte uns als gläubige Menschen ausweisen. Mit diesen Werten nähern wir uns zumindest mit offenen Augen dem Glauben und damit auch Jesus und unserem persönlichen Router.

Unter diesem Aspekt blicken wir also wieder in unseren Spiegel: Vorurteile in Bezug auf materielle oder wirtschaftliche Faktoren haben bisweilen einen größeren Einfluss auf unser Leben, als wir denken. Sie glauben das nicht? Hier ein paar Beispiele: „Kleider machen Leute" ist schon ein uraltes Sprichwort. Wir machen also die Leute an ihrer Kleidung fest. Oder warum glaubt man zu wissen, dass Kinder aus armen Verhältnissen das Abitur nicht schaffen können, nur weil die Eltern die optimale Förderung ihrer Kinder vermutlich nicht leisten, sprich bezahlen können?

Dies sind Einschätzungen, die allein auf Äußerlichkeiten beruhen. Dennoch veranlassen sie manche Lehrer, aufgrund der familiären Gegebenheiten zum Beispiel keine Gymnasialempfehlung auszusprechen. Es ist also tatsächlich so, dass es Lehrkräfte gibt, die einem Kind vorsorglich empfehlen, lieber eine untergeordnete Schule zu besuchen, damit es erst gar nicht zu einer Situation kommt, in der die Eltern Geld für Nachhilfe aufbringen müssten, dies aber nicht können. Woher wollen wir eigentlich wissen, dass arme Kinder im Laufe der Zeit Förderung brauchen? Kann es nicht sein, dass ihnen das Lernen womöglich sogar leichter fällt und sie es besser und schneller schaffen als finanziell besser gestellte Kinder? Was erlauben wir uns, dass wir mit unseren Vorurteilen für diese Kinder einfach das Gymnasium außen vorlassen, ihnen die Zukunft verbauen? Wäre es nicht besser, allen Kindern das gesamte Lehrmaterial, warme Mahlzeiten und Familienhilfe zur Verfügung zu stellen, damit sie sorglos lernen können?

Hier ein Beispiel, das etwa zwei bis drei Jahre alt ist: Eine Lehrerin erzählte im Fernsehen, dass den Schülern in der Schule ein Mittagstisch angeboten werde. Sie habe aber jetzt aber ein organisatorisches Problem: Es gebe nämlich zwei verschiedene Gruppen von Kindern innerhalb eines Klassenverbundes.

Auf die Frage des Reporters, weshalb das so sei, berichtete sie: Die erste Gruppe sei die zahlende Gruppe, für die das Essen von einer Großküche angeliefert wird. Das Essen koste die Eltern vierunddreißig Euro im Monat. Die zweite Gruppe, so schilderte sie, sei die Gruppe, deren Eltern sich die Bezahlung des Essens nicht leisten könnten. Für diese Gruppe habe man einen Sozialträger gefunden, der das Essen bringt, damit diese Kinder auch etwas haben. Aber sie, die Lehrerin, bringe die sozial schwachen Kinder in ein anderes Klassenzimmer, weil sie nicht wolle, dass in einem Raum den Kindern unterschiedliche Mahlzeiten aufgetischt werden. Dies geschehe aber nicht, weil ihr die Situation unangenehm sei, nein, weil es ja sein könnte, dass die armen Kinder auch so einen Teller haben wollten und sie diesem Wunsch nicht folgen könnte.

Eine alleinerziehende Mutter, die drei Kinder an dieser Schule hat, erklärte daraufhin, dass sie nicht dreimal vierunddreißig Euro pro Monat aufbringen könne. Sie lebe mit ihren Kindern von der Grundversorgung.

Schon vor Jahrzehnten gab es die Schulspeisung. Sie wäre heute nötiger denn je. Können wir als Gesellschaft uns diese jetzt nicht mehr leisten?

Ein weiteres Beispiel: Weshalb spielen inzwischen auch der Wohnort, die Straße, in der ich wohne, eine so gravierende Rolle? Wo sind wir denn hingekommen, dass wir nach einer Straße und Hausnummer bewerten, ob jemand, weil er in genau dieser Straße wohnt, seine Rechnungen wahrscheinlich pünktlich bezahlt und daher problemlos einkaufen und bestellen kann?

Warum hat einer Geld, nur weil er ein augenscheinlich großes Auto fährt? Wieso geben wir insgeheim und pauschal den Armen die Schuld daran, arm geworden zu sein? So ganz nach dem Motto: Jeder ist seines Glückes Schmied!

Und weshalb glauben wir, dass die Arbeitslosen nicht arbeiten wollen, nur weil sie arbeitslos sind? Wieso fragen wir nicht öfter: Warum bist du überhaupt arbeitslos? Wieso fragen wir nicht, ob wir helfen und unterstützen können? Weshalb sehen wir so gerne über die Armut hinweg? Kann es sein, dass uns Armut unangenehm ist? Dass wir ein so reiches Land sind und dass deshalb nicht ist, was nicht sein darf?

Weitere solche Schubladen sind die Älteren, die Kranken, also eigentlich immer die Schwachen in unserer Gesellschaft. Dieses Thema müsste normalerweise extra bearbeitet werden, aber es gehört auch hier dazu.

Jesus lehrt uns, wie wir diese Themen behandeln sollen. Und wenn wir jetzt in die Bergpredigt blicken, wenn wir im Neuen Testament über Jesus lesen, dann wissen wir, was in unserem Land falsch läuft, dann wissen wir, wie wir handeln sollen, und warum viele Menschen zunehmend die christlichen Werte und damit die Nähe zu Jesus suchen. Der Mensch steht auf verlorenem Posten, wenn niemand da ist, der innere Kraft und Stärke, Vertrauen, Liebe und Zugehörigkeit gibt und auf den man sich voll und ganz verlassen kann.

Zurück zu den Vorurteilen über den Glauben, die natürlich bei näherer Betrachtung nicht mehr haltbar sind.

Ich jedenfalls habe bisher ein völlig normales und sehr irdisches Leben mit allen Höhen und Tiefen geführt, bin nicht jeden Sonntag in die Kirche gegangen und habe nicht dreimal am Tag gebetet. Das habe ich nie getan. Es geht auch anders. Doch dazu später mehr. Ich hatte bisher aber Jesus an meiner Seite. Er war immer für mich da, und er war gerade dann in meiner Nähe, wenn das Leben es nicht gerade gut mit mir meinte.

Nun werden Sie sich vielleicht fragen: Woher will ich das denn wissen? Das ist doch alles nur Einbildung, könnte man denken. Ich kann das sehr gut verstehen, dass manche in diesem Punkt zweifeln. Es ist ja so, dass ich auch selbst hin und wieder für einen, wenn auch kurzen Moment schwanke. Das ist ja völlig legitim und, wie ich finde, auch völlig normal. Selbst die Jünger, die Jesus begleitet haben, haben immer wieder gezweifelt, manchmal nicht verstanden und auch immer wieder Fragen gestellt.

Ich bin dennoch überzeugt, dass ich meine schweren Lebensphasen nicht so stark, so gefestigt und so standhaft hätte meistern können, wäre die Tür zu Jesus nicht immer offen gewesen.

Natürlich gab es immer wieder Momente, in denen ich das Gefühl hatte, vor einer verschlossenen Tür zu stehen. Jedes Mal vermutete ich dann, dass die verschlossene Tür mir den Weg zurück ins Leben versperrt! Wahrscheinlich haben die meisten von uns in der einen oder anderen Lebensphase ein Gefühl der Hilflosigkeit oder auch der Resignation, des Verlassenseins, der Einsamkeit gespürt, nach dem Motto: Keiner hilft mir, keiner ist für mich da, die ganze Welt ist gegen mich, niemand liebt mich und alle wenden sich von mir ab. Es ist das starke Gefühl, von Gott und den Menschen verlassen zu sein, das uns manchmal mehr, manchmal weniger überkommt. Und genau deswegen ist die Geschichte mit der verschlossenen Tür ein sehr gutes Gleichnis, weil wir in solchen Momenten glauben, nicht zu wissen, ob und wann wir es schaffen, die Tür zu öffnen.

Gerade in diesen Augenblicken sucht der Mensch nach Halt bei der Familie, bei Freunden und manchmal auch bei Jesus.

In der Bibel habe ich gelesen, dass Jesus den Menschen zuruft:

Ich bin die Tür; wenn jemand durch mich hineingeht, wird er selig werden und wird ein- und ausgehen und Weide finden.

(Joh. 10,9)

Was will er uns eigentlich damit sagen?

Wenn du zu mir kommst, dann ist die Tür nicht verschlossen und du findest bei mir Weide. Weide ist hier gleichzusetzen mit Nahrung oder Kraft. Ist doch alles ganz einfach, oder nicht? Man schaut in die Bibel, findet eine Antwort und hat das richtige Rezept!

Schön wäre es. Es ist nun einmal nicht einfach, wir alle haben, wie schon gesagt, manchmal Zweifel, ob es Jesus überhaupt gibt. Und oft finden wir zunächst nicht das richtige Rezept. Manche sagen in ihrer festen Überzeugung: Es gibt ihn nicht! Ich glaube an nichts außer an mich selbst. Ich muss mir selbst helfen, wenn ich Kummer habe. Es gibt keinen Gott, und wenn es ihn je gegeben hat, warum müssen manchmal Kinder sterben, wieso geschehen so große Katastrophen?

In solchen Momenten gibt es auch für mich keine direkten Antworten.

Aber wenn es Jesus tatsächlich gibt, dann soll er sich gefälligst zeigen, so argumentieren diejenigen, die nicht glauben, weiter. An dieser Stelle machen es sich die Menschen zu einfach, finde ich. Sie geben die Schuld weiter an Gott und an Jesus. Der Buhmann ist auf diese Art schnell gefunden. Dabei sind es immer die Menschen, die Schuld haben, weil sie sich nun einmal so benehmen, wie sie es tun. Es waren immer die Menschen, die Zerstörung und Hass, Kriege, Not und Elend gebracht und verursacht haben.

Ich habe vor längerer Zeit einmal in den Nachrichten gehört, dass irgendwo auf der Welt eine Schlammlawine auf ein Armenviertel niederging. Diese Nachricht platzte gerade in meine Gedanken um die Katastrophen und die Schuldzuweisungen an Gott. Mein erster Gedanke war: Warum ist dies genau an dieser Stelle geschehen? Warum ist die Lawine auf ein Armenviertel niedergegangen – ausgerechnet auf ein Armenviertel? Ich habe mich sofort geschämt, denn es wäre in einem anderen, reicheren Viertel genauso schlimm gewesen. Es gibt kein „mehr schlimm" und „weniger schlimm", zumindest nicht in diesem Zusammenhang. Aber letztendlich ist es doch wahrscheinlich so, dass es nicht die Armen waren, die sich dieses Viertel ausgesucht haben. Vielmehr sind sie vermutlich dort, weil sie sich diesen Ort vielleicht gerade noch leisten können. Also sind es doch wieder die Menschen, die mit ihrem Verhalten die Schuld haben an Miseren. Da sind die einen, die es sich leisten können, einigermaßen sichere Orte zu wählen und standhafte Häuser zu bauen – und die anderen, um die sich kaum einer kümmert, die man in ihren armseligen Hütten sich selbst überlässt. Wenn es ganz schlecht gelaufen ist, wurden womöglich die Bäume an dem Hang nahe der Siedlung abgeholzt für teure Möbel oder eine neue Skipiste, und der Mensch hat damit die Schlammlawine erst provoziert.

Wieso machen wir es uns so einfach und nehmen Gott als den Schuldigen für Dinge, die wir selbst zu verantworten haben? Dabei sollten wir uns eigentlich besser umsehen und uns denen anschließen, die sich ehrenamtlich um die Schwachen, die Kranken und Hilfsbedürftigen kümmern. Der eine gibt vielleicht seine Zeit, der andere Material, der dritte Geld und der vierte benutzt seine Position in der Öffentlichkeit. Jeder auf seine Art.

Dies alles ist bereits ein Teil von „im Glauben leben". Im Glauben leben heißt, sich als Mensch an den Regeln der Rücksichtnahme, des Mitgefühls und der Nächstenliebe zu orientieren. Liebe deinen Nächsten. Ganz einfache Regeln mit unsagbar großer Wirkung. Das schaffen wir eigentlich auch, ohne zu zweifeln.

Andere wiederum sind ganz sicher, dass es Gott gibt, dass er da ist. Sie haben es ganz genau gespürt und gefühlt, so erzählen sie. Sie zweifeln nicht im Geringsten.

Ich jedenfalls gehöre zu denen, die sich sicher sind, dass es ihn gibt. Meine Erfahrungen und Begegnungen sind so vielschichtig, dass es gar nicht anders sein kann. Mit den hier aufgeschriebenen Erlebnissen und Erfahrungen verbindet sich die Hoffnung, dass dieses Buch ein klein wenig Hilfe im Alltag sein kann gerade für diejenigen, die immer mal wieder glauben, alleine zu sein, und der Meinung sind, vor einer verschlossenen Tür zu stehen.

Um das deutlich zu sagen: Dies ist kein Ratgeber, der Ihnen sagt, was Sie tun können oder wie Sie sich verhalten sollen. Es wäre natürlich eine einfache und bequeme Lösung, wenn dies funktionieren würde. Ich wünsche Ihnen, dass Sie sich beim Lesen in der einen oder anderen Situation wiederfinden und dass Sie dadurch für sich selbst Kraft und Glauben schöpfen und ein paar positive Aspekte für Ihr Leben herausfiltern können. Betrachten Sie mein Buch lediglich als Anregung und als Denkanstoß für Ihre eigenen Regeln und Wünsche.

Wir wünschen uns eine Flatrate zu Jesus, die – wann immer wir wollen – rund um die Uhr zu unserer Verfügung steht. Das ist möglich, wenn wir es wollen: Sprechen wir mit ihm wie mit einem guten Freund. Er hört uns immer zu, genau wie ein guter Freund, denn er ist ein guter Freund.

Den Lesern, die sich als Atheist sehen, und nur aus Neugierde in mein Buch hineinblicken, wünsche ich, dass Sie die dickköpfigen Argumente gegen Jesus für sich selbst in einer ruhigen Minute hinterfragen können, zumindest ein wenig.

Jesus selbst gibt uns immer wieder Hinweise, und zu diesem Thema sagt er:

Erbarmt euch derer, die zweifeln.

(Judas 22)

Beispiele und Erlebnisse

Wenn man mit dem guten Freund Jesus lebt, wenn man von Kindesbeinen an von ihm erzählt bekommt, wenn er einem vertraut ist, dann spürt man es, wenn man eine bewältigte Lebenssituation im Nachhinein betrachtet: Er war in der Nähe, und man weiß es.

Natürlich ist es nicht zwingend erforderlich, von klein auf ein gläubiger Mensch zu sein. Jesus freut sich auch über Erwachsene, die sich ihm anvertrauen. Er versteht, dass manche ein paar Jahre brauchen, um sich ihm zuzuwenden, ihm zu vertrauen. Vielleicht brauchen manche auch mehr als ein halbes Leben, bis sie ihn suchen, ihn finden, mit ihm die erste Zwiesprache halten. Mein Vater zum Beispiel hat dafür sein ganzes Leben gebraucht. Erst als er alt und krank war, erzählte meine Mutter, dass er sich eine Bibel ans Bett gelegt hat und jeden Abend betet. Weil ich das nie bei ihm gesehen hatte, konnte ich mir dieses Bild meines im Bett liegenden und betenden Vaters lange Zeit nicht vor Augen führen. Aber warum nicht? Gut Ding will eben manchmal Weile haben.

Auch ich habe mich schon manchmal über meinen Freund Jesus geärgert. Ich dachte oft, wieso lässt er dieses oder jenes zu oder nicht zu? Wieso mischt er sich nicht ein? Auch ich glaubte schon öfter, dass er mich in einer bestimmten Situation vergessen hat. Ich vermutete, dass er mich dadurch bestrafen will. „Wieso ich?", dachte ich, „wieso der, warum die?" und so weiter. Mittlerweile habe ich aber meine Erkenntnisse aus meinem eigenen Verhalten gezogen.

Ich habe nämlich die Erfahrung gemacht, dass es gar nicht so gut ist, wenn ich mich über ihn ärgere. Garantiert bin ich gerade in einer unglücklichen Gefühlslage und er, er ist mein Sündenbock. Ich kann also unmöglich glücklich sein, wenn ich mich über Jesus ärgere. Trotzdem kann man das nicht immer abstellen. In manchen Gesprächen stellt man Fragen, die mit „warum" beginnen. Und hat er uns nicht so vieles erzählt von seinen Heilungen und Hilfen, die er den Menschen zuteil werden ließ? Wieso sollten wir das nicht auch auf uns übertragen, und warum sollten wir nicht auch eine Erwartungshaltung haben? In der Bibel steht:

Selig ist, der sich nicht an mir ärgert.
(Matth. 11,6)

Meistens geht aber einem solchen wütenden Moment ein heftiges Ereignis voraus, das uns Menschen zum Nachdenken bringt. Und oft sind dies Einschnitte im Leben oder ein Verlust, eine Krankheit und auch andere schwere Lebenssituationen. Ich persönlich habe das bei der Krankheit meiner Mutter erlebt. Unser Familienleben wurde innerhalb eines einzigen Tages auf den Kopf gestellt. Die Diagnose lautete: Krebs. Ganz schnell bemerkte ich, dass ich mit der Situation nicht mehr alleine fertig werde. Klar, die ganze Familie ist ein wichtiger Punkt. Gemeinsam kann man nun einmal stärker sein. Aber der Mensch hat seine Grenzen. Und wenn die Aussichten auf Gesundung nicht gerade auf der Hand liegen, dann braucht man jemanden, der mehr als nur ein Mensch ist. Wir brauchen ihn, weil wir hoffen, dass er das Blatt wenden kann, weil wir durch Hoffnung die Stärke erhalten, den Kranken beizustehen. Und wenn er das Blatt nicht wenden kann, dann braucht man ihn, um nicht zu verzweifeln, um zu verstehen, dass der Mensch, der gehen musste, gut bei ihm aufgehoben ist. Man selbst muss Trost finden. Den Trost für die Verabschiedung von meiner Mutter habe ich im WWW des Glaubens gefunden – für Sie und für mich:

Fürchte dich nicht, denn ich habe dich erlöst; ich habe dich bei deinem Namen gerufen; du bist mein!
(Jesaja 43,1)

Dies ist auch eine Bibelstelle, die uns zum Nachdenken zwingt. Oft erzählen die Menschen, dass sie das Gefühl haben, ihre verstorbene Verwandte sind in der Nähe, oder dass sie den Glauben haben, dass sie da, wo sie nun sein werden, gut aufgehoben sind. Andere fühlen zunächst nur Schmerz und brauchen Zeit. Jeder empfindet und verarbeitet auf eine andere Art und Weise. Aber alle benötigen wie in meinem Beispiel Trost, wer immer der Spender ist.

Es ist nicht immer nur bierernst, Jesus zu seinem Freund zu haben. Es gibt natürlich auch Momente zum Schmunzeln. Hier kommt so ein Erlebnis, eine auf den ersten Blick skurril anmutende Geschichte: Manchmal entdeckt jemand Gott, man kann es kaum glauben, weil er zum Beispiel dringend Geld braucht. Es ist also jemand, der keinen seelischen, sondern materiellen Beistand sucht. Als gläubiger Mensch wundert mich das gelegentlich, aber ich gestehe, auch ich habe meine Erfahrungen damit gemacht. Wir sind ja alle nur Erdenbürger mit all unseren Schwächen und Fehlern. Es gibt viele Menschen, die sich irdische Dinge wünschen und – ehrlich gesagt – es sind fast immer zunächst irdische Dinge, die uns auf der Seele liegen. Natürlich ging das mir das eine oder andere Mal auch schon so. Und Jesus ist ja mein Freund, warum soll er mir nicht auch in finanziellen Dingen helfen, fragte ich mich, wenn es aus meiner Sicht nötig war. Man kann darüber schmunzeln, man kann lächeln. Wer möchte, der kann es auch ernst nehmen. Es diktiert uns niemand, wie wir fühlen sollen, zumal dann, wenn wir dies nicht wollen. Es ist auch alles eine Frage der Interpretation und der Empfindung in einer Situation. Manchmal ist ein finanzieller Engpass schon eine lebensbedrohliche Situation, nämlich dann, wenn es um unerwartet ernste Dinge geht.

Hierzu habe ich ein wunderbares Beispiel, das zeigt, wie schnell wir Situationen überschätzen und auch einmal falsch einordnen können: Ende der siebziger Jahre hatte ich meine eigene kleine Familie; es war finanziell sehr eng und gar nicht so leicht zu dieser Zeit. Mein Mann und ich arbeiteten in der gleichen Firma im Schichtdienst, in der Regel jedoch zu unterschiedlichen Zeiten. Eines Tages, als wir ausnahmsweise nach Feierabend gemeinsam auf dem schnellsten Weg nach Hause fuhren, schepperte und krachte es auf einmal fürchterlich. Mein Mann hielt den Wagen mitten auf der Straße an. Während wir beide ausstiegen, stoppte hinter uns zwangsläufig der ganze Feierabendverkehr einer Großstadt, natürlich mit einem entsprechenden Hupkonzert der genervten Autofahrer, die wenig Verständnis für unsere Situation zeigten. Das war uns zweifellos sehr unangenehm. Mit einem Blick erkannten wir, dass an unserem Auto der Auspuff abgerissen war. Wir banden ihn dann möglichst schnell und entsprechend mühselig am Straßenrand mit einer Schnur hoch, damit er nicht über die Straße schleifte und wir mit Geknatterte und einem großem Geräuschpegel den Rest des Weges nach Hause schaffen konnten. Etwas Banales also, normalerweise nicht der Rede wert.

Doch diesmal war es anders. Und als wir in unserer Wohnung angekommen waren und genügend Zeit hatten, die Situation in uns aufzunehmen und zu erfassen, stand uns das blanke Entsetzen im Gesicht, weil wir wegen der Arbeit auf unser Auto angewiesen waren und das eigentlich jeden Tag. Nichts war mehr übrig von unserer Gelassenheit, mit der wir sonst die kleinen Probleme des Alltags bewältigten. Denn unser Verdienst, unser Gehalt war gering, also mussten wir in vielen Bereichen improvisieren und unser Leben sportlich meistern. Das waren wir aber gewohnt, da war nichts, was wir nicht kannten. An diesem Abend saßen wir völlig deprimiert und genervt auf dem Sofa und überlegten, wie wir diese Hürde nehmen konnten, obwohl wir wussten, dass sie nicht genommen werden konnte, zumindest nicht mit dem Geldbeutel. Da half alles Sportliche und auch alles Denken nichts.

„Das hättest du verhindern können", sagte ich innerlich zu meinem Freund Jesus. „Ich habe dich schon lange nicht mehr um Hilfe gebeten. Doch ausgerechnet jetzt, wo ich mich für die Stelle in der anderen Abteilung beworben habe, muss ich unangenehm auffallen. Du weißt doch, dass die immer gleich Frauen mit Kindern in die Schublade stecken. Klasse!"

Wäre ich allein gewesen, hätte ich meine Unterhaltung mit Jesus sicher laut geführt. Doch das mache ich nicht, wenn jemand dabei ist. Das ist mir zu persönlich und zu privat, wenn ich laut mit meinem Freund rede.

Als wir aus Frust sogar das Abendbrot vergessen hatten, klingelte es an der Wohnungstür. Vor mir stand eine Frau, die mit Kosmetikprodukten von Tür zu Tür ging, um diese zu verkaufen.

„Die hat mir gerade noch gefehlt", stöhnte ich innerlich. Ich hatte sie schon einmal vor ein paar Wochen weggeschickt. „Wissen Sie, es ist heute nicht mein Tag für Kosmetik und nicht mein Tag für Besuche", sagte ich zu ihr und hoffte, sie würde schnell wieder gehen.

Doch sie blieb stehen und fragte: „Haben Sie Kummer, kann ich Ihnen helfen?" Sie muss mir wohl angesehen haben, dass ich einige Schritte neben mir lief und mit Problemen zugange war. Anscheinend verfügte sie über große Menschenkenntnis und ein ausgeprägtes Feingefühl.

„Nein!", rief ich barsch. „Entschuldigen Sie, aber können Sie nicht ein anderes Mal wiederkommen?"

„Das kann ich schon, selbstverständlich, aber darf ich dennoch für ein paar Minuten hereinkommen? Ich sehe, dass ich Ihnen zur Entspannung wenigstens ein paar Proben überlassen kann. Das hilft manchmal, eine Situation klarer zu sehen, ich meine, wenn Sie sich entspannen, um die momentane Situation neu zu beleuchten", fügte sie erklärend an.

Nun konnte ich nicht anders, wenn ich nicht unhöflich sein wollte. Ich bat sie herein, sie setzte sich, kramte eine Handvoll Proben aus ihrer Tasche und legte sie auf den Tisch.

„Darf ich Ihnen nicht doch noch von der neuen Creme erzählen?", fragte sie, fasste erneut in die Tasche und zog ein Cremetöpfchen hervor.

„Nein!", rief ich und wurde langsam wütend, weil ich das Gefühl nicht loswurde, dass sie meinen misslichen Gemütszustand ausnutzen wollte, um mir etwas zu verkaufen. Doch sie schien meine innere Unruhe gar nicht zu bemerken. Sie blickte mich nur an.

Da platzte mir der Kragen. „Ich kann jetzt keinen Kosmetik-Kram kaufen. Uns ist heute der Auspuff abgerissen. Wir brauchen dringend unser Auto, nicht für die Bequemlichkeit, sondern für unsere Arbeit, den Schichtdienst und die zeitlichen Engpässe wegen der Kinder. Also lassen Sie uns in Frieden mit Ihrer blöden Kosmetik!", rief ich aufgebracht und schaffte es gerade noch, die Haltung zu wahren.

Inzwischen war mir mein eigenes Gejammer schon wieder unangenehm. Wie viele Menschen haben gar kein Auto, können sich kein Auto leisten, sind noch viel ärmer dran als wir, schoss es mir blitzschnell durch den Kopf. Arm. Allein schon das Wort zu denken oder gar in den Mund zu nehmen, ist schon bedenkenswert, gar ungerechtfertigt. Worüber rege ich mich also hier auf, fragte ich mich erneut. Klar war dies alles auf den ersten Blick furchtbar für uns. Wollten wir doch pünktlich am

Arbeitsplatz sein und gleichzeitig die Kinder versorgt wissen. Aber es gab schon noch Lösungsansätze, zum Beispiel hätte ich eine Nachbarin bitten oder den Chef fragen können, ob ich etwas später mit der Arbeit beginnen kann. Es war mir sichtlich peinlich, dass ich auf einem so hohen Niveau gejammert hatte und unfreundlich gewesen war. Deshalb lehnte ich mich peinlich berührt, aber langsam zurück.

Doch die Frau störte sich gar nicht an meiner Unfreundlichkeit. Sie lächelte nur, als ob wir gerade in einem netten Plausch gewesen wären, und sagte ganz ruhig: „Wissen Sie, es gibt immer eine Lösung. Und in diesem Fall kann ich Ihnen helfen."

Keiner von uns bemerkte, was sie da sagte, weil wir das ja nicht erwartet hatten. Daher blickte ich sie zunächst nur desinteressiert und abwesend an. Ich verstand in diesem Moment überhaupt nichts, hatte eigentlich gar nicht richtig zugehört und musste ziemlich belämmert dreingeschaut haben.

„Jetzt schauen Sie nicht so ungläubig", sagte sie schließlich. „Das mit der Kosmetik mache ich nicht wegen des Geldes. Ich wollte Ihnen nichts Überflüssiges aufs Auge drücken. Ich mache das, weil es mir Spaß macht und weil Düfte auch was Schönes sind und etwas Sinnliches haben. Ich bin alleine, mein Mann lebt seit zwei Jahren nicht mehr, und mir fällt am Tage die Decke auf den Kopf."

Und zu meinem Mann sagte sie in einem bestimmten Ton: „Sie kommen morgen früh zu mir, und ich leihe Ihnen das Geld für Ihren Auspuff. Sie haben drei Monate Zeit, mir das Geld wieder zurückzugeben. Hier ist meine Visitenkarte", beendete sie ihre Ausführung in einem Tonfall, der eigentlich keinen Widerspruch duldete.

Mein Mann schüttelte den Kopf und hob abwehrend die Hände. Das wollte er auf keinen Fall annehmen, nicht von einer fremden Frau. Wenn schon, dann von jemandem aus der Familie.

„Ich bitte Sie, haben Sie keine Skrupel, denn ich freue mich, wenn ich helfen kann", beendete sie die Diskussion, noch bevor sie überhaupt begonnen hatte.

„Das geht nicht. Sie kennen uns doch gar nicht", sagte ich.

„Oh, ich kenne Sie sehr gut. Ich sitze fast jeden Tag da unten auf der Bank im Innenhof. Schon lange sehe ich, dass Sie beide jeden Tag arbeiten fahren, und ich kenne Ihre Kinder natürlich vom Sehen. Ich kann Sie sehr gut einschätzen, das können Sie mir glauben."

Sie stand auf, nahm ihre Tasche, strich mir über den Arm und ging ohne ein weiteres Wort aus der Tür. Wir saßen nur stumm da und konnten gar nicht glauben, was sich gerade abgespielt hatte. Auch hatten wir gar nicht reagiert und uns nicht einmal von der Frau verabschiedet.

Auf jeden Fall haben wir beide daraufhin eine ganze Weile kopfschüttelnd diskutiert, wie eine uns völlig fremde Frau dazu kam, uns Geld zu leihen und uns zu helfen.

Und erneut stieg mir die Schamesröte hoch. Wissen Sie, was ich gemacht hätte, wenn mich jemand auf diese Weise angefahren hätte, wie ich das mit der Frau getan hatte? Genau, ich hätte auf dem Absatz kehrt gemacht. Ich hätte gedacht, soll sie doch sehen, wo sie bleibt. Ich muss mich doch nicht anmachen lassen, ich wollte ja nur helfen. Doch sie hat das nicht getan.

Das ist Größe, das ist Verständnis, Hilfsbereitschaft und Nächstenliebe. Und das, obwohl sie ganz sicher noch mit sich selbst und mit ihrer Trauer beschäftigt war. Die Frau hatte ja auch ihre Probleme mit der Traurigkeit und dem Verlust ihres Mannes, mit der Einsamkeit und dem Zwang, alleine leben zu müssen.

Nun können Sie sagen, das ist reiner Zufall, und mit Jesus hat das schon mal gar nichts zu tun.

Und ich sage Ihnen, genau das ist für mich persönlich Jesus, so einen plumpen Zufall kann es gar nicht geben. Ich meine, dass Jesus mir geholfen hat, mir beistand, mich beschützte. Andere glauben in so einem Fall vielleicht, dass sie einen Schutzengel hatten, und wieder andere sprechen von positiver Energie. Manchmal nennt man dies heute auch Universum. Jeder nennt es anders, doch die meisten meinen aber eigentlich fast ausnahmslos dasselbe. Ganze Buchreihen beschäftigen sich mit der Esoterik und den Verhaltensweisen, die Menschen helfen und ihnen Lebenshilfe sein sollen. Ich mag eher das Einfache, das Schnörkellose, das, was die Bibel uns sagt, was das Neue Testament uns gibt. Für mich ist und bleibt es Jesus. Und es sind für mich genau die Stellen in misslichen Lebenssituationen, die sich von jetzt auf gleich klären, solche, in denen wie beschrieben jemand zur Tür hereinkommt, die Sache einfach in die Hand nimmt, mir die ersten Schritte zeigt oder die Situation gleich ganz löst. Hört man in solchen Momenten in sich hinein, so hat man, wenn man es denn zulässt, das Gefühl, dass man nicht alleine ist. Man spürt, dass jemand hinter einem steht, aufpasst, dass man fest auf den Beinen steht und nicht wackelt oder umfällt.

Haben Sie das bei sich selbst noch nie festgestellt? Dann kommt es wohl daher, dass man sich schon mal Gedanken machen muss, wenn man sich wundert, dass ein Zufall plötzlich eine Wende brachte, dass ein Zufall einen Unfall verhinderte, dass ein Zufall einen Menschen unverletzt aussteigen ließ.

So erzählte mir vor ein paar Jahren jemand, dass es ihm einmal nicht sehr gut ging, dass er seine Arbeit verloren, daraufhin im Internet gesucht und eine Seite mit einer Idee gefunden habe. Dadurch habe er angefangen, seine Jugendträume umzusetzen und nun sein Hobby zum Beruf zu machen. Er ist also zufällig in den Weiten des WWW über seine Zukunft gestolpert. Das ist auch wieder so ein Fall von Zufall. Man muss Zufälle einfach mal zulassen und dann aber bewusst besondere Momente unter mystischer Sichtweise einordnen. Es ist ein wunderbares und tröstliches Gefühl, fast so, als ob einen jemand in den Arm nimmt.

Jeder von uns hat sicher ganz viele Erlebnisse, deren positive Zufälligkeiten wir einfach hinnehmen, sie im ungünstigsten Fall als selbstverständlich betrachten, gelegentlich auch verwundert registrieren und bestenfalls dankbar annehmen. Wir fragen nicht, wer uns diesen Zufall wohl vorbeigeschickt haben könnte.

Viele Menschen sind sehr eigennützig und vielleicht auch egoistisch. Im Alltag verschwenden sie keinen einzigen Gedanken an den Glauben, zumindest nicht, solange es ihnen gut geht. Kommt aber eine knifflige Situation, dann erinnern sie sich. Und das sind die Momente, in denen ich mich manchmal über die Menschen wundere, nein, nicht nur wundere, sondern schon auch mal ärgere. Welch scheinbar oberflächlicher Egoismus, der in manchen seine Blüten treibt! Ich kann doch nicht Gott beiseiteschieben, ihn aus meinem Leben eliminieren, ja sogar behaupten, dass es ihn nicht gibt, um ihn dann postwendend zu rufen, wenn es mir schlecht geht!

Das verstehe ich manchmal wirklich nicht. Und

doch gehört diese Verhaltensweise zu uns Menschen. Es ist schon so, dass wir in der Regel erst begreifen, wenn wir eine belastende Erfahrung machen, und es danach oft (zu) schnell vergessen, wenn wir ein Tal durchschritten haben.

Ihr Kleingläubigen, warum seid ihr so furchtsam?
(Matth. 8,26)

Furchtsam! Wenn wir furchtsam sind, wenn wir Individuen uns fürchten, dann rufen wir bewusst und unbewusst nach Gott. Und dabei spielt es keine Rolle, ob wir gläubig sind oder nicht. Das ist der Instinkt, die christliche Kultur, in der wir leben.

Zugegeben, natürlich ist unsere Welt schnelllebig. Ellenbogen sind mehr und mehr gefragt, und das Vertrauen in andere Menschen wird immer weniger, weil das Misstrauen wächst, der Konkurrenzkampf groß ist. Wir haben Angst, jemandem ganz oder gar blind zu vertrauen. Und wenn jemand den Menschen nicht vertrauen kann, wie soll er dann Gott vertrauen, den man nicht sehen, nicht anfassen kann und der auch noch eine höhere Macht sein soll?

Eine höhere Macht! Was ist eigentlich eine höhere Macht? Die Interpretation ist vielschichtig und nicht tauglich für ein Buch, das sich mit Alltagsfragen beschäftigt, zumindest nicht für dieses Buch. Es kann jeder für sich selbst definieren, und jeder findet bei Bedarf die entsprechenden Hinweise in der Bibel.

Mein Buch soll lediglich ein wenig helfen, die alltägliche und einfache Verbindung zu Gott zu verstehen. Es soll den unkomplizierten Zugang zu ihm erleichtern, ihn nahebringen. Ich meine aber damit nicht die Religionslehre oder das, was die Kirchen und die Theologen uns zu sagen haben. Sie haben mehr Wissen, können umfangreicher erklären, haben speziell studiert, können die heilige Schrift viel besser interpretieren. Um das aufzunehmen, benötigen wir etwas mehr Zeit, etwas mehr Tiefgang, etwas mehr Gemeinsamkeit der Menschen. Mir geht es wirklich nur um das Alltägliche.

Ich erhebe deshalb keinen Anspruch auf Tiefgründigkeit, es geht ausschließlich um die kleinen Dinge der Spiritualität, die uns hier und da helfen, unser Leben zu bewältigen, zu meistern.

Dazu müssen wir uns öffnen, um zu erkennen, wann und in welchen Bereichen wir sie in unserem Alltag zur Anwendung bringen.

Wie Jesus mein Freund wurde

Ich bin ein Mensch, der ein ganz normales und durchschnittliches Leben führt, ein Leben mit Höhen und Tiefen, nicht privilegiert, eher einfach. Es interessiert niemanden und dennoch bin ich der festen Überzeugung, dass ER da oben mich viele Male unterstützt und aufgefangen hat. Ich bin 1950 geboren und in einem kleinen Dorf aufgewachsen. Aus heutiger Sicht war es eine harte, ja etwas ärmliche Zeit, die meine Jugend geprägt hat. Meine Eltern schufteten in Fabriken, meine Großmutter führte das Haus und auch mich, und nebenbei betrieb man eine kleine Landwirtschaft, um leben zu können und nicht hungern zu müssen. Es war immer noch die Zeit des Aufbaus nach dem Krieg.

Wenn ich mich heute frage, wie ich zu meinem Glauben gekommen bin, dann stelle ich fest, dass es unbewusst und schleichend, ja geradezu selbstverständlich geschah.

Unser Dorf war damals ungefähr zu einer Hälfte katholisch und zur anderen Hälfte evangelisch. Die beiden Konfessionen standen in harter Konkurrenz zueinander. Im Prinzip ist das ja heute manchmal immer noch so. Man denke nur an die großen Erwartungen der Kirchenleitungen, die immer wieder bei verschiedenen Anlässen vorgetragen, aber nie umgesetzt werden. Jede Seite verzog damals das Gesicht über die Auffassung des Glaubens der anderen Seite. Wir waren evangelisch und in unserer Familie wurde leicht abfällig von „den Katholischen" gesprochen. Wir belächelten damals die Prozessionen, den Rosenkranz, den Weihrauch und die anderen Rituale, die von den Katholiken ausgiebig gepflegt wurden. Als schlichte Evangelisten hatten wir mit dem ganzen Getue, wie wir es nannten, nichts am Hut. Man sah gönnerisch darüber hinweg, winkte ab, und ich bin überzeugt, dass es auf der anderen Seite hinsichtlich unserer Rituale und Gewohnheiten genauso war. Ich erinnere mich, dass man den „Katholischen" unterstellte, die Prozessionen speziell dazu zu nutzen, dem ganzen Dorf seine teure Kleidung und andere Besitztümer vorzuführen.

Man machte sich keine Gedanken über dieses unchristliche Verhalten, weil es selbstverständlich war. Das verstehe ich heute allerdings nicht, dass Christen so über andere Christen dachten und sprachen bzw. das wohl zum Teil immer noch tun. Immerhin betet man zum gleichen Gott.

Dieses Getue bestand aus kleinen Rangeleien, die nicht so schlimm waren, wenn man bedenkt, dass es in früherer Zeit schon Kriege im Namen des christlichen Glaubens gegeben hat. Aber all das ist meines Erachtens eines Christen nicht würdig und sollte eigentlich gar nicht vorkommen.

Auch meine Familie legte damals Wert darauf, dass

evangelische Gepflogenheiten eingehalten wurden. Also musste ich zur Sonntagsschule, zum Kindergottesdienst und auch jeden Sonntag zum Hauptgottesdienst. Da gab es kein Abweichen und kein Zaudern, kein Vertun, keine Widerrede. Gehorsamkeit der Kinder gegenüber den Eltern war, was zählte, und auch ich musste mich daran halten.

Bei uns spürte man im täglichen Leben keinen ständigen spirituellen Zwang. Nach außen wurden die Termine und Rituale eingehalten, damit niemand öffentlich über uns reden konnte. Nach innen waren wir wohl hauptsächlich mit dem Kampf um die Wirtschaftlichkeit, dem weltlichen Unbill einer Familie beschäftigt. Dennoch wurden uns die christlichen Werte klar, ohne Schnick-Schnack und mit Selbstverständlichkeit vermittelt.

Die christlichen Werte wurden uns aber nicht aus Büchern vermittelt, sondern durch das Leben vorgelebt und gelebt. So musste ich als Mädchen in der sechsten Schulklasse im Kindergarten arbeiten. Drei Mark habe ich dafür in der Woche bekommen. Das war damals sehr viel Geld. Mein Taschengeld betrug zum Vergleich in der Woche gerade mal 25 Pfennig. Meine beinahe – oder aus heutiger Sicht tatsächliche – Kinderarbeit (ich musste auch putzen) wurde unter dem Stichwort der christlichen Nächstenliebe verbucht. Der Pfarrer hatte eine Hilfe gesucht und ich wurde hingeschickt. Zu meiner Konfirmation bekam ich von ihm als Dank für die geleistete Arbeit folgenden Spruch:

Selig sind die Barmherzigen; denn sie werden Barmherzigkeit erlangen.
(Matth. 5,7)

Und ich war richtig stolz darauf. Ich ging davon aus, dass er mein Tun sehr wertgeschätzt haben musste. Hatte er mir doch durch diesen Spruch aus dem Neuen Testament gesagt, ich sei barmherzig gewesen. Oder meine großzügige Arbeit sei barmherzig gegenüber den Kindern gewesen. Immerhin übernahm ich viel Verantwortung und beaufsichtigte zusammen mit der Diakonissenschwester um die 30 Kinder. Heute würde man sich darüber sehr echauffieren. Stellen Sie sich vor, eine Diakonissenschwester und ein Kind aus der 6. Schulklasse führen einen ganzen Kindergarten, und das Kind muss auch noch die Putzfrau spielen – kein Personalschlüssel und kein Lehrplan. Doch aus den meisten Kindern ist etwas geworden. Ich will damit nicht sagen, dass damals alles besser war als heute.

Aber finden Sie nicht auch, dass ich eigentlich bei näherer und ernsthafter Betrachtung im Nachhinein hätte wütend und sauer sein müssen? Das konnte doch nicht der Wille Gottes sein, der mich als Kind arbeiten lässt? Und sonst? Meine Eltern hatten überhaupt keine Zeit für mich. Ich war tagsüber bei meiner Oma, musste im Haus und auf dem Feld mithelfen. Die Erziehung war streng und unerbittlich, mein Vater hart und bestimmt, meine Mutter ebenfalls folgsam ihrem Mann gegenüber. Selbst in der Schule stand der Lehrer mit dem Rohrstock und schlug bei Bedarf zu. Die Öffentlichkeit hat gerade jetzt eine Diskussion über Missbrauch und Gewalt in öffentlichen Einrichtungen hinter sich gebracht. Missbrauch ist das Schlimmste, das Kindern geschehen kann, und fordert auch nach Jahrzehnten noch Aufklärung und Unterstützung der Betroffenen. Dass sich aber die Gewalt und Züchtigung, die wir als Kinder fünfziger und sechziger Jahre alle erfahren haben, dazugesellte und damit gar vermischte, wurde den Missbrauchsopfern nicht gerecht. Wenn ich zu Hause erzählt hätte, dass der Lehrer mich geschlagen hat, dann hätte mir mein Vater gleich noch eine gegeben, weil er meine Ungezogenheit gegenüber dem Lehrer nicht geduldet hätte. Die Erziehungsmethode Zucht und Ordnung wurde als die einzig richtige angesehen. Heute wird Gewalt anders bewertet, was gut und lobenswert ist, denn dieser Teil aus jener Zeit ist absolut nicht nachahmenswert und glücklicherweise verschwunden.

Ich erinnere mich, dass ich nicht nur den Glauben und die Zuversicht zu Gott hatte, sondern als Kind auch richtig Angst vor ihm. Dies rührte daher, dass meine Eltern und Großeltern als reine Erziehungsmaßnahme ab und zu mit dem Zorn oder der Strafe Gottes gedroht haben. Zum Beispiel hieß es: „Wenn du nicht hörst, dann…!" oder „Der liebe Gott sieht alles!" Wenn ein Gewitter kam und es blitzte und donnerte, dann hieß es: „Der liebe Gott schimpft, weil du gestern dieses und jenes getan hast!" Natürlich habe ich als Kind diese Schummelei zunächst nicht erkannt und meine Angst gepflegt.

Dann habe ich aber für mich eine andere Lösung gefunden und bevorzugt – eine sehr gute und erstaunlich kluge Lösung, wie ich heute finde. Immerhin war ich ein kleines Mädchen, dessen objektive Einschätzung eigentlich noch nicht weitsichtig genug und auch nicht ausgeprägt sein konnte.

Ich habe mich instinktiv einfach Jesus zugewandt, also nicht Gott, sondern dem Sohn Gottes. Unterstützt und untermauert wurde meine Entscheidung durch die Erzählungen der Bibel. Das war, wie ich finde, für mich genial. Denn er war der Sohn und er wurde, obwohl er nur Gutes getan hatte, auch bestraft. Er musste mit einer Dornenkrone leiden und wurde ans Kreuz genagelt. Aber er ist auferstanden von den Toten und gen Himmel gefahren, so las ich in der Bibel. Damit war er mein Held, er, Jesus, der Menschensohn und der Sohn Gottes.

Gott selbst blieb für mich im Hintergrund als der „Allmächtige Vater" und Jesus war fortan mein Ansprechpartner. Er war ein Menschenkind, genau wie ich, und mit einem Menschen kann man ganz prima reden. Ich habe Jesus also einfach vermenschelt. Dazu brauchte man nicht viel Fantasie. Kennen wir doch alle das Jesuskind, das in der Krippe liegt, und sehen wir doch Jesus vor uns, wie er mit seinen Jüngern zu den Menschen geht und predigt. Und seine Gleichnisse gibt er in einfachen Worten wieder, so dass sie ein jeder verstehen und nachvollziehen kann.

Bevor ich mich Jesus zuwandte, fand ich den Glauben in meinem Unterbewusstsein alles andere als erstrebenswert. Das Bild, dass Gott grollt, dass er einen mit seinen weißen, wallenden Haaren und seinem faltigen Gesicht böse anblickt, hatte sich bei mir eingeprägt, und ich hätte mich später als erwachsene Frau denen zuordnen können oder müssen, die nicht glauben oder an nichts mehr glauben. Aber nichts dergleichen! Dieser Gedanke ist mir niemals gekommen. Ich habe mich im Laufe meines Lebens manchmal gefragt: Warum eigentlich nicht?

Die Basis, so glaube ich heute, legte meine Großmutter. Sie hatte in unserem Haus im ersten Stock eine einfache, kleine Stube. Wenn man zur Tür herein kam, stand links ein Kohlenherd mit einem Wasserschiff, mit dem sie das Zimmer beheizte und gleichzeitig ihr bescheidenes Mahl kochte. Genau unter dem Fenster standen ein alter Tisch, zwei Stühle, ein Hocker, rechts ein Schrank und ein Bett. In dieser Stube spielte sich ihr ganzes privates Leben ab. Da wurde gekocht und gewaschen, gebügelt und geflickt, Brot und Kuchen gebacken, Gemüse eingekocht und geschlafen. Auf dem Küchentisch lag ihre Bibel, die so groß und so dick war, dass ich sie kaum halten konnte. Meine Großmutter las jeden Tag in dieser Bibel, so wie andere Leute eine Zeitung lesen. Und sie bezog mich mit ein, erzählte mir die Geschichten von Adam und Eva, von Kain und Abel, von der Arche Noah und andere. Die Bibel war bebildert, und niemals in meinem Leben werde ich das Bild des Königs vergessen, der mit einem Schwert ein Kind teilen wollte, weil zwei Mütter darum gestritten hatten und jede behauptete, dass es ihr Kind sei. Das Bild war so einprägsam, dass ich mich heute noch an dem alten Küchentisch sitzen und aufmerksam dieser Geschichte lauschen sehe. Ja, meine Großmutter hat mir das alles als Wahrheit berichtet und vorgelesen, und ich habe es als solche aufgenommen. Genau so nehmen wir heute die Nachrichten oftmals als Wahrheit auf, wenn wir sie in der Zeitung lesen. Die Bibel war und bleibt deswegen auch für mich die Wahrheit.

Jetzt kann ich mir gut vorstellen, was gewesen wäre, wenn ich nicht gelernt hätte, in den Himmel zu schauen, die Sterne zu sehen. Wenn ich nicht träumen könnte, dass Gott uns zuschaut, nicht glauben könnte, dass unsere lieben Verstorbenen uns auch zuschauen und uns sehen oder gar bei uns sein können. Wie armselig wäre dann mein Denken! Ich würde mich wirklich einsam und verlassen fühlen. Der ungeschminkte Glaube ermöglicht es ohne große Anstrengung, die Gedanken zu verbinden mit Gott, mit Jesus, mit lieben Menschen, die nicht mehr da sein können, mit Gefühlen der Verbundenheit, mit Hoffnung und Geborgenheit. Erst jetzt, während des Schreibens, als mir diese Gedanken und Fragen durch den Kopf gingen, erkannte ich, dass ich zwar wie jeder andere auch schon einmal Gefühle von unerklärlicher Unruhe und Unglücklichsein hatte, aber ich hatte nie ein Gefühl der absoluten Leere.

Viele sehen sich in großer Enttäuschung, innerer Zerrissenheit, Einsamkeit, weil ihnen der Glaube einfach abhanden gekommen ist oder sie ihn gar nicht kennen gelernt haben.

Meine Gespräche mit Jesus

Und so lebe ich nun schon seit mehr als siebzig Jahren mit meinem Glauben und weiß, dass mich Jesus in Zeiten der Not tröstet und stärkt und in Zeiten der Freude begleitet.

Einzelne Worte der Bibel sind ein kleines Stück des großen Buches, das von der Geschichte Gottes und Jesus erzählt. Und ich bin überzeugt, dass er heute wie zu allen Zeiten mit mir durch meine persönliche Geschichte unterwegs ist und mich gerne begleitet.

Ob ich bewusst mit ihm leben möchte und ob ich nach seinem Weg und seinem Willen in meinem Leben frage?

Natürlich frage ich bei ihm nach. Ich spreche einfach und selbstverständlich mit ihm, als ob er direkt neben mir sitzen würde. Wir haben ja bereits darüber gesprochen, dass der Glaube das Gefühl vermittelt, nicht alleine zu sein.

Wie ich das mache? Das ist unterschiedlich.

Manchmal spreche ich laut mit Gesten oder rudernden Armen, zum Beispiel wenn ich aufgeregt oder enttäuscht bin, doch nur, wenn ich gleichzeitig alleine bin:

„Lieber Jesus, das hättest du mir ersparen können!"

„Du hättest mich nicht dahin schicken müssen."

„Du hättest mir ein Zeichen geben können, dass ich

das nicht tun soll."

„Was ist jetzt? Wie soll ich denn aus der Nummer herauskommen?"

Dann spreche ich auch wieder leise mit meiner inneren Stimme. So mache ich das, wenn ich traurig bin, um Hilfe bitten oder mich bedanken möchte.

„Kannst du mir helfen, mein Freund?"

„Was soll ich jetzt nur tun?"

„Hast du eine Idee, wie ich das wieder geradebiegen kann?"

„Danke, dein Tipp war richtig gut."

Er hingegen antwortet meistens mit der inneren Stimme. Das ist dann der Fall, wenn ich das Gefühl oder die sofortige Gewissheit habe, dass die innere Stimme eine gute Lösung ausgesprochen hat. Dann höre ich auch auf diese. Vereinfacht gesagt ist dies in aller Regel unser so genanntes Bauchgefühl.

Hier ein paar Beispiele:

Eines Tages erhielt ich einen Anruf, bei dem ich erfuhr, dass uns am Abend Geschäftspartner besuchen würden. Ach du meine Güte, dachte ich für mich, was mache ich jetzt nur? Ich hatte damit überhaupt nicht gerechnet, mein Tagesplan sah ganz anders aus. Eine allgemeine Panik erfasste mich und ließ mich, nachdem ich aus der Schockstarre erwacht war, in Hektik verfallen. Ich brauchte nun dringend eine Idee, was ich kochen sollte, musste mich sofort umziehen und einkaufen fahren, so schoss es mir durch den Kopf.

Als ich gerade dabei war, das Haus zu verlassen, blieb ich im Flur vor dem Garderobenspiegel stehen und blickte mehrere Minuten lang in mein gerötetes Gesicht. Dann sagte ich: „Das hättest du heute aber verhindern können, mein Freund. Du weißt doch, dass ich die Leute nicht besonders mag. Toll!"

Einige Stunden später, völlig fertig von dem Kochstress, war ich gerade dabei, meine aufwändig gekochten Speisen zu begutachten, als mich nach einem Blick zur Uhr die Erleuchtung traf, dass ich mich jetzt schnell duschen und umziehen müsste. Schließlich würde es nicht mehr lange dauern, bis der Besuch eintreffen würde. Nach nur zwanzig Minuten kam ich zurück in die Küche und sah schon die Rauchschwaden aufsteigen. Sofort versuchte ich einzugreifen und das aufzuhalten, was ich in den Töpfen vorzufinden glaubte.

Doch es war zu spät. Eine angebrannte, inhaltlich nicht mehr zu definierende und am Boden der Töpfe klebende Masse war das Ergebnis meiner stundenlangen Arbeit. Ich blickte aus dem Fenster und wäre am liebsten weggelaufen. „Danke, Herr im Himmel, dass du zusiehst, wie hier mein Essen den Bach hinuntergeht. Ist dir denn gar nichts eingefallen?", fragte ich.

An diesem Tag zog er es vor, mir zu antworten. Ich war gerade dabei, den Gedanken ans Weglaufen in die Tat umzusetzen, als das Telefon läutete und sich die Frau des Geschäftspartners meldete. Sie bedauerte sehr, die Verabredung aus familiären Gründen absagen zu müssen.

„Vielen Dank", flüsterte ich erleichtert.

Meine Freundin hat mir vor längerer Zeit erzählt, dass sie zwei Wochen lang eine Phase hatte, in der alles Schlechte auf einmal passierte und in ihrem Haushalt einige Geräte kaputt gingen.

„Stell dir vor", sagte sie, „mein Fernseher ging einfach aus, meine Waschmaschine schleuderte nicht mehr, und die Kaffeemaschine hat auch noch den Geist aufgegeben! Das gibt es doch gar nicht! Wie kann ein Mensch so viel Pech haben und gleichzeitig drei Geräte verlieren?"

„Ja, das soll es geben", antwortete ich. Ich wusste auch nicht, was ich ihr sonst sagen sollte.

„Das mag ja sein, aber für mich war das so schlimm!"

„Ja, das glaube ich dir. Und was hast du dann gemacht?"

Sie berichtete mir, dass sie erst völlig verzweifelt war, dann geweint und gejammert hat und schließlich geschluchzt hat: „Lieber Gott, das kannst du doch nicht zulassen. Ich kann doch nicht drei Geräte auf einmal kaufen!"

„Und dann?", wollte ich wissen.

Sie erzählte mir, dass sie dann ihre Mutter angerufen und ihr über ihre missliche Lage berichtet hat. Und ihre Mutter sagte daraufhin: „Stell dich nicht so an, Kaffee kann man ohne Maschine kochen, Fernsehen muss du auch nicht immer, du kannst auch mal Radio hören. Und eine Waschmaschine kannst du doch kaufen."

„Ja, da hat deine Mutter nicht ganz unrecht", pflichtete ich ihr bei.

„Doch dann habe ich richtig Glück gehabt. Stell dir vor, du kennst doch meinen Tick, dass ich die Post nur oberflächlich durchschaue, sie nach Wichtigkeiten einstufe und diese erst einmal im Fach von meinem Sekretär aufbewahre, bis ist Lust habe, sie einzusortieren. Und so merkte ich erst später, dass da auch ein Brief von meiner Versicherung dabei war. Ich hatte nur den Briefkopf gelesen und im Betreff stand: „Aktualisierung Ihrer Versicherung". Einige Tage später wollte ich eine Reparaturstelle anrufen und habe dabei versehentlich nach diesem Versicherungsbrief gegriffen, dabei ist er mir dann herausgerutscht. Und was glaubst du, was ich in Händen hielt? Nein, sag nichts! Es war ein Verrechnungsscheck über 600.- Euro – eine Gewinnausschüttung. Sag, das war ein guter Zufall, da muss ein Engel unterwegs gewesen sein, oder?"

„Ja, da hat dir jemand prompt geholfen", entgegnete ich nur.

Eine Kollegin berichtete mir, dass sie seit fast einem Jahr an ihrem neuen Roman arbeitete. Das Manuskript war inzwischen fast fünfhundert Seiten stark.

Eines Nachmittags, während sie am Computer an ihrem Manuskript schrieb, schloss sich ganz plötzlich ohne Vorankündigung die Datei und sie konnte nur noch verdattert auf den Monitor blicken. Zunächst, so erzählte sie weiter, hat sie das nicht sonderlich berührt – das passiert ja öfter mal. Sie wollte den Ordner wieder öffnen und weiterschreiben. Doch dann geschah es und der Rechner stürzte endgültig ab. Nun traten ihr aber die Schweißperlen auf die Stirn. Sie war schon immer leichtsinnig gewesen und hatte sich noch niemals die Mühe gemacht, ihre Daten zu sichern.

Als ihr die Katastrophe bewusst geworden war, ließ sie sich rückwärts auf den Stuhl fallen und seufzte: „Herr im Himmel, bitte lass nicht zu, dass die Arbeit eines ganzen Jahres einfach so mir nichts, dir nichts verschwindet. Herr, das geht nicht, ich muss das Manuskript bald abliefern, bitte tu etwas."

Sie legte den Kopf auf die Arme, und die Tränen rannten ihr über das Gesicht. Da klingelte es an der Tür. Sie wischte sich schnell die Tränen ab und öffnete.

Draußen stand ein junger Mann, den sie noch nie gesehen hatte.

„Entschuldigen Sie bitte", sagte er, „ich heiße Jan, ich bin Ihr neuer Nachbar. Ich sollte ganz dringend eine geschäftliche E-Mail schreiben, aber mein Computer ist noch in den Kisten verpackt, und mein Laptop ist noch im Auto meiner Freundin. Haben Sie einen Computer, mit dem ich das schnell erledigen kann?"

Jetzt erst sah er, dass sie geweint hatte. „Fehlt Ihnen etwas, kann ich Ihnen helfen?", fragte er.

„Nein, ich glaube, Sie können mir nicht helfen", antwortete sie unter Tränen. „Und Ihre Mail können Sie leider bei mir auch nicht schreiben. Mir ist gerade der Rechner abgestürzt, und meine Arbeit von einem ganzen Jahr ist hin."

Der junge Mann blickte sie an und dann huschte ein Lächeln über sein Gesicht. „Darf ich einmal an Ihren Rechner?"

Sie führte Jan in ihr Arbeitszimmer. Es schraubte den Tower auf und fummelte und fummelte, zog Stecker heraus und steckte sie wieder ein, dann arbeitete er an den Tasten und tippte und tippte, und irgendwann nach gefühlten zwei Stunden zeigte der Monitor den gewohnten Hintergrund, und ihr Ordner mit dem Manuskript war auch wieder da. Ach ja, und seine E-Mail hatte er auch schon geschrieben.

Erleichtert blickte sie ihn an: „Wie haben Sie denn

das gemacht?"

„Ich bin EDV-Spezialist. Auf gute Nachbarschaft!"

„Danke! Sie schickt der Himmel."

Und noch ein Beispiel:

Luise war gerade auf Jobsuche, und das schon länger als sechs Monate, doch ihre Ausbeute war bislang gleich Null gewesen. Die Angebote konnte sie an zwei Händen abzählen und die Einladungen zu einem Vorstellungstermin an nur einer Hand. Und das, obwohl sie eine gute Bürokauffrau war. Langsam machte sich Verzweiflung in ihr breit. Sie hatte jetzt fast die Hälfte der Zeit um, in der sie Arbeitslosengeld bekam. Wenn es ihr in den nächsten sechs Monaten nicht gelingen würde, etwas Neues zu finden, würde sie Hartz IV beantragen müssen. Das Wort alleine schon versetzte sie in helle Aufruhr. Was hatte sie nicht alles schon gehört und gelesen über dieses von ihr so bezeichnete Monster!

„Lieber Gott, ich will nicht in Hartz IV, ich möchte wieder arbeiten", flehte sie. „Wie konntest du zulassen, dass mein Chef einfach die Firma verkauft und wir jetzt alle auf der Straße stehen?"

Mittlerweile schienen ihre Sorgen sie zu erdrücken. Sie wollte gar nicht mehr aus dem Haus gehen. Die Motivation hatte sie verlassen, und die Traurigkeit war mittlerweile ihr treuer Begleiter.

Zwei Tage später läutete das Telefon, ihre Freundin

war am Apparat.

„Ich wollte mal sehen, wie es dir geht und was es Neues gibt", flötete sie heiter durch die Leitung.

„Was soll es schon geben?", antwortete Luise wortkarg. „Ich finde einfach keine Arbeit!"

„Ach, du schaffst das schon. Nur nicht den Kopf hängen lassen. Übrigens, eine Kollegin hat mir erzählt, dass ihre Schwester auch Arbeit gesucht und über das Internet etwas gefunden hat. Vielleicht suchst Du auch mal im Internet?"

„Das habe ich doch schon gemacht."

Sie plauderten noch eine Weile und legten dann auf.

Luise ließ das Gespräch keine Ruhe. Eine Stunde später setzte sie sich an den Computer, suchte wahllos in den Stellenangeboten und surfte von einer Seite zur nächsten. Dabei vergaß sie völlig die Zeit.

Kurz bevor sie dann doch aufgeben wollte, las sie in einem Forum, dass ein Altenheim gleich bei ihr um die Ecke eine Bürokraft sucht.

„Das wäre es doch", flüsterte sie und überlegte kurz. Sie entschied sich, einfach persönlich einmal dorthin zu gehen, um nicht unter einem großen Stapel von Bewerbungen zu landen.

Und schon machte sie sich auf den Weg. Erst bat man sie nur, ihre Bewerbungsmappe zu hinterlassen, doch sie ließ sich nicht wegschicken und schaffte es mit Standhaftigkeit und Beharrlichkeit bis ins Büro der

Heimleiterin. Sie war so überzeugend, dass es ihr schließlich gelang, den Arbeitsplatz zu bekommen.

Die Heimleiterin verabschiedete sich mit den Worten: „Es freut mich sehr, dass Sie zufällig unsere Anzeige gelesen haben. Ich bin überzeugt, dass wir gut miteinander auskommen werden."

„Ja, das bin ich auch", sagte Luise.

Doch innerlich sagte sie: „Vielen Dank dir da oben, du bist eben doch ein guter Freund."

Diese Beispiele zeigen, dass alltägliche Begebenheiten und Zufälle durchaus dazu geeignet sind, anders eingeordnet zu werden. Anders als wir das tun, wenn wir nicht darüber nachdenken, ob da jemand nachgeholfen haben könnte oder ob das einfach so glücklich oder unglücklich zusammengetroffen ist. Und sie zeigen uns, dass es ohne Anstrengungen und ohne großen Aufwand möglich ist, mit Jesus über die Flatrate zu kommunizieren.

Es gibt natürlich auch ernste Beispiele, die man nicht mit einem Augenzwinkern und einem netten Lächeln liest, sondern eher mit einer Gänsehaut.

Dazu gehören die Verluste von lieben Menschen. Ich hätte nie gedacht, dass man Jesus bittet, einem Menschen endlich zu helfen, dass er gehen kann, wo man dies doch eigentlich gar nicht möchte. Es zerreißt einen innerlich. So war das bei meiner Mutter, die eine fast zwei Jahre dauernde Odyssee hinter sich bringen musste. Unerträgliche Schmerzen, geistige Ausfälle, Nebenwirkungen der Chemotherapie, heraus aus der Klinik, hinein in die Klinik und was da eben so alles dazugehört. Bitten und beten, bangen und hoffen.

„Hilf uns, lass sie gesund werden", habe ich nicht nur einmal zu meinem Freund gesagt.

Und zwischendurch dann immer wieder einmal das Gefühl, dass sie es nun endlich geschafft hat. In dieser Situation sagte ich dann zu Jesus: „Danke, dass du uns hilfst. Danke, dass es ihr gut geht."

Dann kam unvermeidlich der nächste Rückschlag. „Warum, Herr, jetzt schon wieder? Warum?"

So ging das viele Monate hin und her.

Und dann kam der Tag, an dem ich das fast nicht mehr ertragen konnte. Innerhalb von nur wenigen Tagen war uns klar geworden, dass das jetzt alles nur noch eine Frage der Zeit war. Ich habe bemerkt, dass jetzt der Moment gekommen war, in dem man darum bitten muss, dass es aufhört, dass keine Schwestern mehr Infusionsflaschen anhängen sollen.

„Herr, lass sie gehen und nehme sie zu dir. Und hilf mir, mit dem Verlust fertig zu werden."

So fand ich meinen Trost.

Und auch mir selbst ging es gesundheitlich nicht immer gut. Irgendwann fing es an: Atemnot und ein viel zu hoher Blutdruck waren die ersten Auffälligkeiten. Es begann ein Prozedere mit verschiedenen Untersuchungen, die zunächst zu keinem Ergebnis führten. An einem Wochenende musste ich dann in die Notaufnahme, und es begannen viele Tests und Untersuchungen. Dabei wurde wegen meiner Atemnot auch eine Aufnahme von der Lunge gemacht.

Kurz bevor ich dachte, dass sie mich nun nach Hause schicken, weil dieser viel zu hohe Blutdruck eingestellt war, kam eines Nachmittags der Arzt ins Krankenzimmer und setzte sich zu mir.

„Wir haben einen Fleck auf der Lunge gefunden", sagte er. „Morgen werden wir nochmals eine Computertomografie machen. Dennoch ist dieser Fleck an einer so ungünstigen Stelle, dass wir keine Gewebeprobe entnehmen können. Das muss in einer großen Operation entfernt werden. Und ich muss Ihnen leider sagen, dass so etwas in der Regel immer bösartig ist. Gehen Sie also davon aus, dass es bei Ihnen auch so ist. Allerdings haben Sie große Chancen, weil wir das so früh entdeckt haben."

Und dann begann er, mir seine Pläne für meine Behandlung ausführlich darzustellen. Doch ich hörte sie nicht mehr, lief aus dem Zimmer und rannte wie ein verwundetes Tier den Flur auf und ab. Dann begann ich, meine Familie anzurufen, und schrie nur noch ins Telefon. Sie hatten Mühe, mir zu folgen. Innerhalb kürzester Zeit waren sie alle da, suchten den Arzt auf, und er berichtete ihnen dasselbe wie mir in allen Einzelheiten. Wie ich diese erste Nacht überstanden habe, kann ich heute nicht mehr sagen. Mir ist auch gar nicht mehr so sehr diese Mitteilung des Arztes im Kopf, sondern vielmehr die anschließenden Anrufe, die sich in mein Bewusstsein eingebrannt haben.

Zunächst sah ich mich auch überhaupt nicht in der Lage, irgendein Wort zu meinem Freund zu sprechen. Ich konnte ihn auch gar nicht fragen, warum gerade mich diese Krankheit traf, geschweige denn, ihn zu bitten, mir zu helfen. Schließlich war mein Vertrauen in Chancen und Heilung nicht gerade positiv ausgeprägt. Hatte ich doch fast drei Jahre lang bei meinen Eltern zusehen müssen, was Krankheiten unter der Bezeichnung Krebs bedeuten. Niemand aus meiner Familie hatte das Glück gehabt, geheilt zu werden.

Am nächsten Morgen, als ich mich mit der Diagnose abgefunden und beschlossen hatte, dass die mit mir machen können, was sie wollen, kam die Oberärztin ins Zimmer. „Wissen Sie", sagte sie zu mir, „ich war noch einmal bei den Spezialisten. Wir sind der Meinung, Sie haben keinen Krebs. Wir denken, dass es gutartig ist. Aber entfernen müssen wir es dennoch, entfernen und untersuchen. Garantieren kann ich das jedoch nicht."

„Aber der Arzt, der hat doch…", antwortete ich.

„Glauben sie mal mir", meinte sie. „Er hätte das

nicht sagen dürfen. Wir entlassen Sie jetzt, aber Sie müssen in Kürze wiederkommen und diese schwere Operation durchstehen."

Jetzt wäre ja eigentlich der Zeitpunkt gekommen gewesen, um mich bei Jesus zu bedanken. Doch das ging nicht. Es gab ja überhaupt keine Sicherheit, nur eine Vermutung oder eine Einschätzung. Der Schock saß zu tief in mir. Drei Monate dauerte schließlich diese Ungewissheit. Das Material wurde quer durch die Republik geschickt. Es war so selten gutartig, dass selbst die Labore sich nicht trauten, eine Entwarnung zu geben. Von den Voruntersuchungen über die Operation, die Reha bis zur endgültigen Bestätigung lebte ich in einer unbeschreiblichen Angst, die mich erstarren ließ und einige Zeit nicht zuließ, dass ich auch nur ein einziges Wort an meinen Freund richten konnte. Erst als mir nach der Operation selbst klar war, dass der Tumor im Körper nicht gestreut hatte und mit welchem Glück ich da schon gesegnet gewesen war, konnte ich meine Flatrate nutzen. Und ich gestehe, es fiel mir sehr schwer, dankbar zu sein ohne Zorn auf diesen Arzt, der mir eine Krankheit bestätigt hatte, ohne zu wissen, dass ich sie tatsächlich hatte.

Bis heute sitzt mir der Schock tief in den Gliedern, ich werde es nie vergessen und jeden, der sich mit dieser Krankheit auseinandersetzen muss, in meine Ge-

spräche mit einbinden und um Hilfe für ihn bitten.
Meine Dankbarkeit ist riesengroß.

Da gibt es dann aber auch noch die anderen Beispiele, die Beispiele, in denen der Kampf gewonnen werden konnte. Wenn es leukämiekranken Kindern manchmal auf den buchstäblich letzten Drücker gelingt, durch eine Knochenmarkspende wieder gesund zu werden, muss man einfach voller Dankbarkeit sein.

„Danke, Jesus", sage ich dann, „das ist wunderbar. Danke!"

Es gibt ganz viele solche positiven Beispiele, die man in diesem Zusammenhang aufführen könnte. Wie oft kann man hören und lesen, dass zum Beispiel ein Sturz aus dem Fenster glimpflich ausging oder dass jemand nach einem Unfall unverletzt aus seinem völlig demolierten Auto ausstieg. Jeder wird irgendwann einmal in seinem Umfeld Zeuge eines solch positiven Ereignisses oder kann darüber hören und lesen. Dann können wir es unseren Beispielen hier zuordnen.

Möglich ist auch, dass jemand aus meinem Umfeld, gelegentlich auch ein Fremder vorbeikommt und für die ganz spezielle Situation eine plausible Lösung parat hat.
Dies kann natürlich genauso gut ein Telefonat, ein Brief, eine E-Mail sein. Das wiederum wäre dann ein

Zufall, na ja, einer dieser Zufälle – Sie wissen schon.

Ich habe natürlich im Internet – wo denn sonst – nach der Definition des Begriffs „Zufall" gesucht. Tippt man den Begriff bei Google ein, erhält man mehr als 540.000 Einträge aus Lexika, aus der Physik, aus Wörterbüchern und vielem anderem mehr. Sie alle versuchen, Zufall zu erklären, und sprechen von Ereignissen, die nicht beabsichtigt waren, bei denen man keine Gesetzmäßigkeit erkennen kann.

Der Begriff „Schicksal" wird auch als Bezeichnung für Zufall verwendet. Man sagt ja auch umgangssprachlich: Das Schicksal hat zugeschlagen. Betrachtet man dies negativ, so ist die Interpretation nicht gleichzusetzen mit dem Zufall. Bewertet man das Schicksal aber positiv, dann passt hier auch der Zufall, weil eben etwas Schönes „zugefallen" ist.

Wir können es uns ja aussuchen, wann wir denken, dass es das Schicksal war oder der Zufall – oder doch vielleicht der Herr im Himmel, den wir ansprechen, wenn wir der Meinung sind, dass es in diesem Augenblick sein muss.

Lassen wir in diesen Situationen bewusst die Spiritualität zu, dann kann es aber auch Jesus sein, der wieder einmal eingegriffen hat.

Immer wieder werde ich gefragt, ob ich an Gott glaube. „Nein", antworte ich generell. Es ist mehr, als nur an ihn zu glauben. Ich bin der festen Überzeugung, dass ich ihn kennengelernt habe. Er ist mir schon so oft auf irgendeine Art und Weise begegnet, dass er mir sehr vertraut und sehr nahe ist.

Freut euch in dem Herrn allerwege, und abermals sage ich: Freuet euch! Der Herr ist nahe!
(Philipper 4,4-5)

Das hört sich jetzt sehr wissend an und nicht für jedermann verständlich, eventuell auch etwas unglaubwürdig. Die Dinge zwischen Himmel und Erde müssen für uns Menschen aber nicht immer plausibel sein. Wir bewegen uns hier auf der Gefühlsebene, die wir selten so richtig erklären können. Um die Gefühle schleichen wir doch immer herum wie die Katze um den heißen Brei, wenn wir ausdrücken wollen, wie es in uns aussieht. Wir sprechen von Gänsehaut, von Schmetterlingen in Bauch, vom Kribbeln, von weichen Knien, von einem roten Kopf vor Wut. Manchmal treiben uns unsere Gefühle in eine Ohnmacht und im schlimmsten Fall erleiden wir einen Schock.

Und ich bin natürlich auch nicht immer so sicher. Dies liegt in der Natur des Menschen. Wenn dann doch Zweifel in mir hochkriechen, brauche ich Unterstützung. Dann greife ich zum Neuen Testament oder zu den Losungen und suche mir einen Spruch oder eine

Aussage heraus. Natürlich muss die Aussage dann zur Situation passen, sie muss aussagefähig sein, muss mich mitnehmen und mir antworten. Doch dazu mehr im Kapitel „Meine Favoriten im WWW des Glaubens".

An den allermeisten Tagen ist das Vertrauen aber schon da. Es ist also relativ einfach, damit umzugehen, wenn das Urvertrauen vorhanden ist. Da macht es automatisch „Klick", der Blick geht nach oben und ich sage: „Danke!"

Aber wie kommt man eigentlich zu diesem Urvertrauen, zum Beispiel wenn man sich lange nicht damit beschäftigt hat?

Grundsätzlich könnte ich jetzt für den Anfang die Werte aufzählen, die einen Menschen mit Gottvertrauen ausmachen. Dazu gehören: Nächstenliebe, Vertrauen, Verzeihen, Verstehen, helfen können, demütig sein usw. Ich denke aber, dass das schon ein wenig tiefer geht.

All diese Werte können helfen, wenn man erwachsen ist und sucht und zurück möchte zu den Werten, zu den Dingen, die einem wichtig sind im Leben. Sie helfen Erwachsenen, Gott zu finden und Jesus zu fühlen.

Wir brauchen also eine Basis, die aus menschlichen und christlichen Werten besteht, um ein Urvertrauen zu Jesus haben zu können.

Nun müssen wir uns natürlich auch mit dem Begriff der Werte beschäftigen und uns die entsprechenden Definitionen ansehen. Google findet für den Suchbegriff „Werte" 2,5 Millionen Einträge. Wir brauchen in unserem Zusammenhang jedoch nur die moralischen, ethischen und religiösen Werte.

Diese Werte sind eigentlich bei uns die Norm, sie sind auch erwünscht und sind menschliche Ideale, würden denn alle nach den gewünschten Regeln leben. Es sind diese Eigenschaften, die das gute Miteinander erst möglich machen.

Es sind alle die Werte, die auch Jesus gepredigt hat, der mit seinem Glauben Kranken und Hungernden geholfen hat. Auch wenn wir heute das nicht in jedem einzelnen Fall tun können, so haben wir doch die Möglichkeit, alleine durch einen der fundamentalen Werte, nämlich den respektvollen Umgang mit jedem einzelnen Menschen und auch jedem Lebewesen, die Basis zum Urvertrauen zu legen.

Unser Glaube basiert also auf Werten. Ein Leben mit Werten der Gerechtigkeit, der Aufrichtigkeit, des guten Willens und der Nächstenliebe ist Teil unseres Glaubens. Deshalb leben wir mit diesen Werten im Glauben.

Umso einfacher können wir mit Jesus kommunizieren und die Glaubwürdigkeit herstellen, die wir so dringend für unsere Flatrate zu ihm benötigen. Eine Seite im WWW des Glaubens aufzuschlagen und gleich von vornherein zu glauben, dass das, was da steht, nicht wahr ist oder nicht ernstgenommen werden kann, wäre keine gute Voraussetzung. Diese Art von Flatrate funktioniert nicht. Sie wäre nicht auf Augenhöhe, und am Ende wäre die Enttäuschung groß, weil es gar keine Verbindung, kein positives, zufriedenstellendes Erlebnis gäbe.

Eine solche Software ist nicht unbedingt ergiebig und nicht besonders hilfreich, wenn es einem ernst ist mit einer Flatrate zu Jesus.

Besuche bei Gott im Haus des Herrn

Als kleines Mädchen genoss ich einen Automatismus in meiner Familie und in meinem Umfeld, dem kleinen Dorf im Kraichtal. So lernte ich ganz nebenbei den Sinn des Lebens, die schon besprochenen christlichen und menschlichen Werte.

Doch wie das Leben so spielt, es kamen auch die anderen Werte hinzu, die ich reichlich kennenlernte: Neid, Hass, Härte, Lüge und auch damals schon die bekannten Verhaltensweisen der veränderten Gesellschaft. Jeder kämpfte bis in die sechziger und siebziger Jahre um materielle Dinge wie Haus, Auto, Grund und Boden, Möbel, Nierentisch – schlichtweg um den Aufstieg vom armen Arbeiter in die Mitte der Gesellschaft. Und dies gelang auch zusehends immer mehr Menschen. Man konnte es nicht nur sehen, sondern auch fühlen. Zum Beispiel hatten anfangs nur wenige ein Auto, und deshalb blieb man verwundert am Straßenrand stehen, wenn ein Gogomobil oder eine Isetta vorbeifuhr. Der Fahrer reckte meistens stolz den Kopf in die Höhe. Und die ihm am Straßenrand nachstarrenden Leute träumten davon, auch bald stolzer Besitzer eines solchen Automobils zu sein. Dies hatte zur Folge, dass jeder kämpfte, jeder mit sich selbst beschäftigt war und die bis dahin gültigen Werte verdrängt wurden und Stück für Stück abhanden kamen. Wie konnte man

Schwächere mitnehmen, wenn man selbst auf der Überholspur raste? Wie sollte der Körper das noch mitmachen? Da wurden Überstunden bis tief in die Nacht gemacht, und auch der Samstag blieb nicht von Arbeit verschont. Und der Sonntag? Der wurde zum Ausschlafen benutzt. Um 10 Uhr in die Kirche? Das lassen wir heute mal schön aus! Warum so früh aufstehen, fragte man sich und fand auch schnell eine Erklärung und eine Entschuldigung. Auch ich habe das so gemacht.

Heute ist die Situation die, dass die meisten argumentieren, nicht unbedingt in die Kirche gehen zu müssen, um Gott nahe zu sein. Glauben kann man schließlich überall, so sagen sie. Stimmt – das geht mir manchmal genauso! Doch ich sehe einen tiefgründigen Unterschied zwischen derselben Erklärung aus dem einen Mund und aus einem anderen Mund. Ich will damit sagen, dass es tatsächlich möglich ist, ohne Kirchgang zu glauben, Jesus zu fühlen und auch im Glauben zu leben. Jesus ist ja überall.

Dennoch ist die Kirche „Gottes Haus", und das ist es im wahrsten Sinne des Wortes. Deshalb meine ich, dass es gut ist, ab und zu dem Haus Gottes einen Besuch abzustatten, gerade dann, wenn man glaubt, nicht viel Zeit zu haben. Gottes Haus zu betreten ist, wie Vater und Mutter zu besuchen. Man fühlt sich zu Hause, geborgen, behütet und beschützt.

Vor einigen Jahren habe ich mit Freunden für fünf Tage eine Reise an die Mosel gemacht. In diesem landschaftlich wunderschönen Tal hat jedes Dorf eine stattliche Kirche, und weil diese Gegend seit jeher überwiegend von Katholiken bewohnt war, sind die Gotteshäuser beeindruckend mit Fresken, Malereien und Statuen geschmückt. Gleich am ersten Tag betraten wir eine Dorfkirche, die eine unbeschreiblich schöne Ausstrahlung hatte. Als evangelische Gläubige habe ich immer schon ein wenig bedauert, dass unsere evangelischen Kirchen meistens sehr einfach in ihrer Ausstattung sind. Eigentlich ist dies ja nicht von Bedeutung, doch das Auge schaut halt gerne hin und die Atmosphäre ist auch etwas anders. Natürlich haben wir auch die Möglichkeit genutzt, zum Gedenken an unsere toten Familienangehörigen eine Kerze aufzustellen, verbunden mit der Fürbitte, uns und unsere Familien zu begleiten und zu beschützen.

An einem Tag, es war ein Sonntag, hatten wir uns mit einer Verwandten verabredet, um zusammen einen schönen Tag zu verbringen. Als sie aus ihrem Auto gestiegen war, erzählte sie uns nach einer kurzen Begrüßung voller Begeisterung, dass sie eine kleine, aber doch nennenswerte Summe im Lotto gewonnen hat. Was für eine Freude! Wir anderen haben uns angeschaut und waren doch tatsächlich für einen Moment sprachlos. Man könnte auch sagen, wir standen mit offenem Mund da: Dies war wieder einer dieser Zufälle, obwohl man in diesem Fall sagen kann, dass die Glückskugel wirklich zugefallen ist. Zum Verständnis muss man wissen, dass wir am Abend zuvor bei unserem Gastwirt in dessen umgebauter Scheune gegessen hatten. Am Nachbartisch feierten mehrere Leute ausgelassen und sangen dabei zu Gitarrenmusik. Irgendwann luden sie uns an ihren Tisch ein und forderten uns auf, mitzumachen. Auf dem Tisch standen kleine Päckchen, auf denen das Wort „Lotto" stand. Im Laufe des Abends erfuhren wir, dass es sich um ehemalige Mitarbeiter von Lottogesellschaften handelte. Natürlich gibt es keinen realen Zusammenhang und selbstverständlich keinerlei Verbindung zwischen diesen Leuten und dem Lottogewinn unserer Verwandten. Aber es ist dennoch ein kleiner Zufall, was die Aura um dieses Wort „Lotto" angeht. Wurden doch die Lottozahlen gezogen, während wir mit Mitarbeitern der Lottogesellschaften zusammen feierten, und dann hatte jemand aus unserer Familie dieses kleine Stückchen Glück. Was für ein glücklicher Zufall!

Nach dem gemeinsamen Mittagessen in einem Dorf am Ufer der Mosel spazierten wir durch den Dorfkern, um uns etwas die Beine zu vertreten und das wunderbare Mittagessen sacken zu lassen. Selbstverständlich kamen wir auch hier an der Dorfkirche vorbei. Ich schlug vor, zum Dank für den schönen Tag, das gute Essen und natürlich – mit einem Augenzwinkern – zum Dank für den Lottogewinn auch hier eine Kerze anzuzünden. Ich erntete Zustimmung, und gemeinsam gingen wir hinein und staunten ehrfürchtig in diesem Haus Gottes, das gerade an dieser Stelle eine unbeschreibliche Aura ausstrahlte. Wenn man den Marien- und Jesusfiguren in die Augen sah, blickten sie zurück, als ob sie etwas sagen wollten. Man muss sich wirklich einmal die Zeit nehmen, in verschiedenen Kirchen die Madonnen-, Marien- und Jesusfiguren anzusehen, die Atmosphäre der Stille zu erleben und anschließend in sich hineinzuhören, unabhängig von seiner Zugehörigkeit zu einer Kirche und seiner Intensität zum Glauben an sich.

Nachdem wir die Kerzen angezündet hatten, drehte ich mich kurz um und sah gerade noch, wie eine junge Frau mit schnellen Schritten die Kirche verließ. Ich lief ihr hinterher und fragte sie, ob es ihr nicht gut gehe. Sie antwortete mir, dass ihr das Ganze unheimlich gewesen sei, weil es da drinnen so mystisch war. Sie schüttelte den Kopf und konnte sich vermutlich selbst nicht einordnen, bestimmt konnte sie die Wirkung auf sich und ihr Innerstes nicht verstehen und war deshalb irritiert. Ich meine, sie ist im wahrsten Sinne des Wortes vor sich selbst weggelaufen, sie ist also von ihren eigenen Gefühlen übermannt worden. Sie war zuvor bestimmt der Meinung gewesen, solche Gefühle nicht zu haben, diese Gefühle, die ihr nicht realistisch erschienen, die ihr suggerierten, dass da etwas ist, das sie sich nicht erklären konnte. Das ist doch schon erstaunlich. Ich hatte es hier vermutlich mit einer jungen Frau zu tun, die aus steuerlichen Gründen aus der Kirche ausgetreten ist und die glaubt, dass sie das alles gar nicht braucht, da es ja ohnehin nicht nachzuvollziehen ist.

Da kommt also eine Frau in Gottes „Haus" und fühlt, da ist etwas, das es ihrer Meinung nach ja gar nicht gibt. Sie spürt, dass in diesem Haus jemand wohnt, aber weil es so mystisch ist, wie sie sagt, läuft sie weg. Sie war darauf nicht vorbereitet gewesen, da sie sich nicht bewusst zu einem Besuch im Haus Gottes aufgemacht hatte. Und hätte sie sich bewusst aufgemacht, dann wäre sie auf dieses Mystische auch vorbereitet gewesen. So viel wissen wir jetzt.

Fazit ist, dass wir natürlich nicht regelmäßig in die Kirche gehen müssen. Aber was spricht dagegen, einmal vorbeizugehen, ihm zu zeigen, dass man ihn mag, und dadurch Bestätigung und Kraft für den Alltag mitnehmen zu können? Das ist doch auch gar nicht viel Aufwand, auch keine große Belastung. Das braucht einfach ein bisschen Zeit und ein wenig beschauliches Nachdenken.

Nichts, rein gar nichts spricht dagegen, im Gegenteil.

An dieser Stelle zitiere ich eine Stelle aus meinem Buch „Traumhafte Mosel", einem Reisebericht, den ich ungefähr zwei Jahre später verfasst habe:

(...) *„Zu Fuß geht es los durch den Ort Beilstein, hinein in das Dorf durch malerische Gassen mit schmucken Häusern zu einer großen Treppe, von der wir denken, dass sie hinauf zur Burg führt. Oben angekommen sind wir aber überrascht, dass es sich um die Treppe zum Kloster handelt. Ein einladendes Klostercafé begrüßt uns, ebenso der Eingang der Klosterkirche. Magisch zieht er uns an und wir folgen dieser Magie.*

Beim Betreten der Kirche werden wir von einem leisen Ave Maria begrüßt. Gänsehaut kriecht einem über die Arme bei dieser Musik und bei einer Kirche, die einem durch ihre Ausstrahlung den Atem stocken lässt. Reich geschmückte Altäre, beeindruckende Bilder, eine wunderschöne Kanzel, eine Orgelempore, die einen sprachlos werden lässt, Figuren wie der Hl. Sebastian, das Vesperbild, Christus am Ölberg, Deckenmalereien und schließlich eine schwarze Madonna. Diese Kirche zieht einen in ihren Bann, ob man es will oder nicht.

Vor dem Altar entdecken wir einen Ständer mit einer beschriebenen Seite. Als wir den Text lesen, weicht unsere innere Sprachlosigkeit in Zustimmung und Zufriedenheit. Noch nie hat jemand, den wir nicht kennen, genau das ausgedrückt, was wir gerade in dieser Minute fühlten. Unterzeichnet ist der Text mit „R. Theiler". Vielen Dank an ihn oder sie. Wir sind so beeindruckt, dass wir den Text fotografieren:

„Meditation: Meine Gedanken in der Beilsteiner Kirche.

Nun sitze ich hier in dieser Kirche. Es ist still um mich gewor-
den. Leise, meditative Musik beruhigt mich. Hinaufgezogen sind
wir durch das schöne Moseldörfchen Beilstein. Hinter mir habe
ich den Straßenlärm gelassen. Durch eine schöne Wanderung und
die schöne Schifffahrt auf der romantischen Mosel bin ich beflügelt
von den Weinbergen und der schönen Gegend. Es ist schön, hier
ausruhen zu können. Gedanken dürfen kommen. Sie gehen zu-
rück an den Ort, von dem ich komme, an meine Arbeitsstelle, an
meine Familie. Hier in dieser Kirche darf ich alles abladen. Alle
Last und Sorge kann ich abstreifen und zurücklassen. Hier vor-
ne auf dem Altar darf ich es übergeben. Hier weiß ich mich auf-
gehoben. Ich komme zur Ruhe. Ich bin dankbar dafür, dass es
hier Menschen gibt, die einen solchen Ort der Stille, der Oase
fördern. Mein Urlaub gibt mir Gelegenheit, mein Leben neu zu
ordnen, über Gott und die Welt nachzudenken. So manches
könnte anders werden, wenn ich zurückkehre, wenn ich aus dieser
Kirche herauskomme und den Berg hinuntergehe, wenn ich mein
Leben vom Kirchplatz aus neu betrachte, auf die Mosel hinunter-
schaue und sehe, wie alles fließt und weitergeht. Auch mein Leben
geht weiter, aber es geht anders weiter. Ich habe einen neuen Blick
bekommen, eine neue Sicht. In den Bänken der Kirche von Beil-
stein kam ich zur Ruhe. Herr, ich bin unterwegs. Auf meinem
Weg begegnen mir Menschen. Menschen, die mich schon eine Zeit-
lang auf meinem Lebensweg begleitet haben und weiterhin beglei-
ten. Auch an sie denke ich in diesen stillen Minuten. Frohgemut
gehe ich aus der Kirche wieder hinaus. Dafür haben mir diese
paar Minuten der Stille in dieser Kirche von Beilstein geholfen.

Möge dieser Ort mit der Karmelmadonna noch vielen Hilfe und Möglichkeit zum Neuanfang sein." (R. Theiler).

Welch wahre Worte. Hat man diesen beeindruckenden Text gelesen, bleibt einem nur, diese Dinge zu beherzigen. Es ist einfach wunderbar, sich auf einer Bank niederzulassen, die Atmosphäre aufzunehmen, zur Ruhe zu kommen, nachzudenken, ja und auch zu Ergebnissen zu kommen.

Dieses Erlebnis sollte man sich nicht nehmen lassen, es ist eine große Bereicherung und ein wunderbares Gefühl, dies alles gesehen und erlebt zu haben." (…)

Und wenn wir schon in Gottes Haus zu Besuch sind, dann können wir uns doch auch gedanklich mit unserem Vater beschäftigen, ihn im Umfeld seines Hauses kennenlernen.

Wie habe ich Gott eigentlich gesehen? Wie habe ich ihn mir vorgestellt? Ich hatte immer klare Bilder von ihm. Ich habe die Bilder, die Zeichnungen, die Fresken in Büchern und Kirchen vermischt und mir einen Mann vorgestellt, der groß und stark aussieht und ein weißes Gewand aus Leinen trägt. Seine Haare sind grau, umrahmen sein Gesicht und reichen bis auf die Schultern. Seine Haut ist faltig, aber seine Augen sind strahlend blau und aufmerksam. Also ein alter, strenger, aber weiser Mann, der vom Himmel auf uns heruntersieht. Dabei war mir schon als Kind klar, dass er alles sieht, dass er grollt und donnert, wenn ich mich nicht benehme. Erst als ich älter war, verstand ich, dass Gott selbst nichts von dem war, das ich ihm da unterstellt hatte. Ich konnte ihm plötzlich genauso entspannt begegnen wie Jesus, und das war schon ein sehr gelöstes und liebevolles Gefühl. Jesus hingegen war und blieb in meiner Vorstellung ein Mensch. Mit ihm und über ihn konnte ich schon immer sprechen, auch mit denen unter uns, die zweifeln und eigentlich nicht glauben. Beschäftigt man sich näher mit den Zweifelnden, so gestatten sie gelegentlich einer nicht zu erklärenden Kraft, sich an bestimmten Stellen ihres Lebens einzumischen. Notfalls muss natürlich als Erklärung auch hier „Meister Zufall" einspringen. Und nur selten haben sie das Gefühl, dass sie ein spirituelles Wesen sind oder sein könnten. Zufall heißt aber: Es ist zugefallen! Darüber darf und sollte man etwas länger nachdenken, so finde ich.

Und ich habe die Erfahrung gemacht, dass es nicht sinnvoll ist, anderen Menschen seine Gefühle aufzudrängen, zu erzählen, wie man selbst glaubt, wie Gott aussieht. Man kann ihn ohnehin nicht vollkommen mit Worten erklären. Aber auch ohne direktes Bild kann eine Verbindung aufgebaut werden. Dazu muss man erst herausfinden, wie man selbst ist, wie man selbst funktioniert. Da ist unser Körper, den wir jeden Tag im Spiegel betrachten. Das ist unsere Äußerlichkeit, die Tatsache, unser Ich. Das können wir sehen. Dann haben wir unsere Persönlichkeit, unseren Charakter, unsere Gefühle, unsere Gewohnheiten. Manchmal lassen wir zu, dass andere Menschen sehen können, ob wir fröhlich, traurig, heiter oder wütend sind. Und manchmal wollen wir das nicht, und dann mobilisieren wir unsere inneren Kräfte und lächeln, obwohl uns zum Weinen zumute ist. Beschränken wir uns also nur auf unseren Körper und das Darumherum unseres Alltags, dann werden wir keine spirituellen Gefühle entwickeln, dann werden wir nicht offen sein können. Offen sein – was heißt das eigentlich? Offen sein bedeutet, Momente zuzulassen, zuzulassen, dass es tatsächlich mystische Momente gibt, so wie es zum Beispiel dieser jungen Frau in der Kirche erging. Sie hatte sich über sich selbst erschrocken und ist hinausgelaufen. Wäre sie stehen geblieben, hätte sie zugelassen, was sie gerade fühlte, dann wäre sie Gott und Jesus näher gekommen, hätte gespürt, dass sie nicht alleine ist, dass sie umgeben und beschützt ist. Dies hat sie aber nicht getan, sie hat das Erlebte einfach abgeschüttelt und, wie ich meine, eine gute Erfahrung nicht erleben können. Solch ein Erlebnis kann zum Beispiel am Anfang des Glaubens stehen, am Anfang vom Glauben an Gott und an Jesus, seinen Sohn, und zu der Erkenntnis führen, dass wir alle spirituelle Wesen sind.

Es gibt hierfür auch andere Beispiele. Haben wir nicht alle solche Momente, in denen wir sagen: Hatte ich ein Glück! So ein Zufall aber auch! Stell dir vor, wenn ich vorgestern nicht gerade die Zeitung gelesen hätte, hätte ich jetzt den Job nicht. Wenn ich diese Straße entlang gegangen wäre, wäre ich auch in Gefahr gewesen. Wenn nicht der Arzt gekommen wäre, wäre die Frau jetzt nicht mehr am Leben. Hätte ich nicht oder hätte ich doch ...

Wenn wir über solche Vorkommnisse nachdenken und dann unsere Einstellung verändern, können wir solche Erfahrungen im Laufe der Zeit mit Jesus verbinden, weil wir unsere Wahrnehmungen, Vorstellungen und Vorurteile in Bezug auf unseren Glauben ohne große Anstrengungen positiv einordnen können.

Eigentlich könnten wir nun mit den Erkenntnissen, die wir bis hierher gewonnen haben, die Flatrate zu Jesus schon einmal bestellen und einrichten. Im weiteren Verlauf geht es darum, wie wir die Flatrate nutzen können und sollen.

Jesus erklärt christliche Werte

Lassen Sie uns nun die Möglichkeiten einer Flatrate zu Jesus etwas näher beleuchten und tiefgründiger erfragen, um dann die möglichen Potentiale besser aufzeigen zu können.

Die Kraft der Gedanken und die mystischen Zuordnungen liegen situationsbedingt entweder in uns verborgen oder offen in unserer Hand bzw. in unserem Kopf. So wirkt es sich tatsächlich aus, wenn wir unentwegt an das denken, was wir fürchten. Denken wir zum Beispiel ständig, dass wir unsicher auf den Beinen stehen und stolpern könnten, so können wir ganz fest davon ausgehen, dass wir in naher Zukunft stolpern werden. Und so geht es das eine oder andere Mal auch mit den Dingen, die wir uns wünschen und die wir anstreben.

Diese Thematik möchte ich aber nicht unbedingt bis ins kleinste Detail vertiefen, weil sie nicht das Grundsätzliche darstellt, das unseren Glauben ausmacht. Dennoch gibt es einen fließenden Übergang, weil das Glauben an sich ja auch hier eine große Rolle spielt.

Ausführungen und Beispiele, wie wir also unser Ich stärken, wie wir besser leben und unsere Ziele erreichen können, werden oft und in vielen Büchern behandelt. Diese beschäftigen sich überwiegend damit, wie wir unseren Glauben in uns und für uns selbst verändern und stärken können. Sie erklären, was wir selbst tun oder an uns verändern müssen, um das, was wir uns wünschen, erreichen oder erhalten zu können. Hier kann man genauso gut zweifeln oder genauso gut glauben; dabei ist es immer von Vorteil, an sich selbst zu glauben und sich nicht aufzugeben.

Es gibt auch Ratgeber, die uns zeigen, wie wir Bestellungen aufgeben können, um uns Wünsche zu erfüllen. Auch hier haben wir eine fließende Grenze. Wenn ich bei einem Gespräch mit Jesus beispielsweise zu ihm sage, dass er mir ruhig einmal helfen könnte oder dass er mich nicht hätte irgendwo hingehen lassen dürfen, dann mache ich ja auch nichts anderes, als Hilfe bei ihm zu bestellen. Dennoch sind die erwähnten Ratgeber unabhängig vom christlichen Glauben, um den es mir geht. Mir geht es in erster Linie um die Bibel, das älteste Buch der Welt, und um Jesus, der als Mensch nachweislich unter uns weilte.

Niemand kann zwei Herren gleichzeitig dienen. Er wird den einen vernachlässigen und den anderen bevorzugen. Er wird dem einen treu sein und den anderen hintergehen.
(Matth. 6,24)

Über die Wünsche und das Erfüllen von Wünschen habe ich trotzdem nachgedacht und versucht, im Neuen Testament Antworten zu finden. Man kann ja nicht so einfach in die eine oder andere Richtung tendieren. Ich habe ja schon erzählt, dass ich einmal plötzlich finanzielle Hilfe bekam, die ich überhaupt nicht erwartet hatte. War das vielleicht gar nicht so, wie ich das glaubte? War das doch das Universum und nicht, wie ich glaubte, die Hilfe von Jesus?

Zurück zum Neuen Testament. Finde ich da vielleicht eine Antwort?

Zu der Zeit kam Jesus aus Galiläa an den Jordan zu Johannes, dass er sich von ihm taufen ließe. Aber Johannes wehrte ihm und sprach: Ich bedarf dessen, dass ich von dir getauft werde, und du kommst zu mir?
Jesus aber antwortete und sprach zu ihm: Lass es jetzt geschehen! Denn so gebührt es uns, alle Gerechtigkeit zu erfüllen. Da ließ er's geschehen.
(Matth. 3,13-15)

Wir würden also heute sagen: Wir gehen nicht von oben nach unten, sondern dahin, wo wir das bekommen, was wir brauchen.

Die besten Beispiele hierfür finden wir auch bei Menschen, die nicht viele materielle Dinge besitzen, die an der Armutsgrenze leben und dennoch für 1 Euro oder gar im Ehrenamt in einer sozialen Einrichtung arbeiten, um denjenigen, die noch weniger haben als sie selbst, zum Beispiel eine warme Mahlzeit zu ermöglichen. Das ist für mich eine christliche Wertevorstellung, nämlich die der Barmherzigkeit und der Nächstenliebe.

Im Fernsehen habe ich aber auch vor längerer Zeit einen Bericht gesehen über einen Manager einer großen Firma, der aus Nächstenliebe regelmäßig am Wochenende in der Bahnhofsmission arbeitete. Diese Tätigkeit bedeutete für ihn in seinem stressigen Beruf die Erdung mit dem Leben und die Verbindung zur Wirklichkeit.

Haben wir nicht auch gelegentlich das Gefühl, dass da oben einer auf uns da unten zeigt? Und sind wir nicht manchmal auch selbst da oben und zeigen mit dem Finger auf die da unten?

Hier etwas nach oben und nach unten zu ändern, wäre ein guter Ansatz für die Flatrate zu Jesus. Diese Vorgehensweise könnten wir gleich im Router vorinstallieren. Wir hätten beim Laden der Seiten keine Zeitüberschreitungen und keinen Abbruch in der Funkverbindung. Denn es spricht sich nun mal leichter auf Augenhöhe als von oben nach unten und umgekehrt. Hier handelt es sich um einen Ansatz, der es uns ganz leicht macht, mit Jesus zu surfen, ohne anstrengenden zusätzlichen Aufwand und ohne ein Wort zu sagen. Es geschieht einfach nur, indem wir unser Verhalten verändern und nicht von oben herab auf die Menschen zeigen. Und dann hätte auch automatisch niemand mehr das Gefühl, da unten zu sein.

Zugegeben, das ist eine etwas vereinfachte Sichtweise, so einfach sind wir Menschen nicht gestrickt. Aber wir könnten so einfach sein, wenn wir es wollten. Solche verständlichen Hinweise finden wir zuhauf im neuen Testament, in der Bergpredigt und in den Beispielen, die uns Jesus in seinen Gleichnissen nennt. Er erklärt die Dinge auf wunderbare, verständliche Weise und hilft uns, unsere Software präzise einzustellen, denn schließlich wollen wir ja eine Flatrate zu Jesus. Dazu findet man unter anderem im Matthäus-Evangelium ein ganzes Füllhorn von Beispielen, die die Basis christlicher Werte sind und die wir uns nun ansehen wollen. Wir werden noch einigen dieser Beispiele begegnen, die wir in unserem WWW-Browser zu den Favoriten packen und zu denen wir mit unserer Flatrate surfen können.

In Matthäus 4 steht folgendes:

Und der Versucher trat zu ihm und sprach: Bist du Gottes Sohn, so sprich, dass diese Steine Brot werden. Er aber antwortete und sprach: Es steht geschrieben (5.Mose 8,3): „Der Mensch lebt nicht vom Brot allein, sondern von einem jeden Wort, das aus dem Mund Gottes geht."

Also einfach fest zu wünschen, Geld, Gesundheit, Arbeit und andere Dinge mögen dahergeflattert kommen, ist nach meiner Meinung nicht das, was unseren

Glauben ausmacht, und auch nicht das, was Jesus lehrte. In der oben aufgeführten Bibelstelle hebt er hervor, dass das Wort Gottes eine große Bedeutung hat.

Dennoch sehe ich ein paar Ansätze, die mit einbezogen werden müssen und die diese Angelegenheit aus einem anderen Blickwinkel beleuchten.

Denn in Matthäus 7 sagt Jesus: *Bittet, so wird euch gegeben; suchet, so werdet ihr finden; klopfet an, so wird euch aufgetan. Denn wer da bittet, der empfängt; und wer da sucht, der findet; und wer da anklopft, dem wird aufgetan.*
Und dann sagt er weiter: *Wer ist unter euch Menschen, der seinem Sohn, wenn er ihn bittet um Brot, einen Stein biete? Oder, wenn er ihn bittet um einen Fisch, eine Schlange biete? Wenn nun ihr, die ihr doch böse seid, dennoch euren Kindern gute Gaben geben könnt, wie viel mehr wird euer Vater im Himmel Gutes geben denen, die ihn bitten!*

Jesus sagt also, dass wir ihn und Gott durchaus bitten können, auch um materielle Dinge wie zum Beispiel Brot. In diesem Gleichnis betont er aber auch, dass wir persönlich immer das Gute geben sollen und nicht das Schlechte oder die Krümel, die wir übrig haben. Großmut, Großzügigkeit, Erbarmen mit Schwächeren, das ist die Basis und der Grundstock, und dann, so sagt er, wird der Vater im Himmel denen, die ihn bitten, um vieles mehr Gutes geben. Wir dürfen und können also um Geld und Arbeit anfragen – und was uns auch sonst noch einfällt.

Niemand kann zwei Herren dienen, sagte Jesus. Er sagt in dem Zusammenhang weiter: *Darum sage ich euch: Sorget nicht um euer Leben, was ihr essen und trinken werdet; auch nicht was ihr anziehen werdet.*

Er erklärt, dass das Leben mehr ist als der Körper, das Essen und die Kleidung. Er nennt die Vögel als Beispiel. Diese säen nicht, sie ernten nicht, sie sammeln nicht, und doch werden sie von Gott ernährt. Dann fragt er, ob der Mensch nicht viel mehr sei als ein Vogel.

Sein Fazit:
Seid nicht so kleingläubig, und sorgt euch nicht so viel um Essen und Trinken, denn jeder Tag wird für das Seine sorgen.
(Matth. 6, 24-33)
Richtet nicht, damit ihr nicht gerichtet werdet. Denn nach welchem Recht ihr richtet, werdet ihr gerichtet werden; und mit welchem Maß ihr messt, wird euch zugemessen werden.
(Matth.7,1-2)

Zusammengefasst heißt das so viel wie: Was du nicht willst, das man dir tu, das füge auch keinem anderen zu.

Beispielhaft sind hier auch die Gleichnisse in Matthäus 13, die uns perfekt verdeutlichen, was Jesus uns sagen will. Gleichnisse sind heute in unserer Umgangssprache mit Beispielen gleichzusetzen. Und Beispiele benutzen wir ganz oft, wenn wir Kindern die Welt erklären möchten. Auch bei Erwachsenen, denen wir etwas erzählen und die nicht verstehen, was wir meinen, die vielleicht gerade für einen Moment sozusagen „auf der Leitung" stehen, kommen wir bestimmt mit einem Beispiel weiter.

Wenn wir uns jetzt auch noch verdeutlichen, dass Jesus diese Methode vor Tausenden von Jahren eingesetzt hat, um uns zu sagen, was er meint, dann nehmen wir vielleicht seine Worte etwas gründlicher und nachdenklicher auf, als wir das sonst tun würden.

Kommen wir also zu den Gleichnissen aus dem Matthäus-Evangelium, in denen uns Jesus bildlich einige christliche Werte nahebringt. Und Jesus hat diese so spannend erzählt und mit starken Bildern verdeutlicht, dass es nicht langweilig ist, sie zu hören und zu verstehen. Die Gleichnisse beginnen damit, dass Jesus aus dem Haus ging und sich ans Meer setzte, dann versammelten sich viele Menschen um ihn. Daraufhin ging er auf ein Schiff und sprach von dort aus zu den Menschen, die an Land standen.

Erstes Beispiel: Es ging ein Mann aus, um zu säen. Und indem er säte, fiel etliches auf den Weg, da kamen Vögel und fraßen es auf. Etliches fiel auch auf felsigen Grund, wo nicht viel Erde war, und das ging auf, obwohl da nicht viel Erde war. Als aber die Sonne hochstieg, verwelkte es und wurde dürr, weil es nicht genug Wurzeln hatte. Weitere Saatkörner fielen unter Dornen, die darüber wuchsen, und die Dornen erstickten es. Und dann natürlich fiel etliches auf gutes Land und trug natürlich Frucht. Er sprach von dreißigfältig und hundertfältig.

Was meint er mit diesem Beispiel?

Es ist ein Mann unterwegs, der aussät, einer, der das Wort, den Glauben aussät. Und wenn man das Wort nicht versteht, dann bleibt es nicht im Herzen, dann wird es herausgepickt und ist verschwunden.

Das Beispiel der Samenkörner, die auf den felsigen Grund gefallen sind, bedeutet, dass das Wort erst mit Freude aufgenommen wurde, aber es war keine feste Wurzel da und deshalb ist es verdorrt.

Mit den Samenkörnern unter den Dornen meint Jesus, dass das Wort über den Glauben unter den Sorgen des Alltags erstickt.

Bleibt uns noch die Erklärung für das fruchtbare Ackerland und die uns heute fremden Worte von dreißigfaltig und hundertfaltig. Fällt das Saatkorn, d.h. das Wort, über christliche Werte und über den Glauben auf fruchtbaren Boden, ins Herz des Menschen, dann wird das Wort verstanden, dann geht die Saat auf und vermehrt sich dreißigfach und hundertfach.

Daraufhin fragten ihn die Jünger, warum er in Bilder zu den Menschen spreche.

Er antwortete: *Euch ist es gegeben, dass ihr das Geheimnis erkennen könnt, sie aber nicht. Ich rede mit Gleichnissen, weil sie mit sehenden Augen doch nichts sehen und mit hörenden Ohren nichts verstehen.*

Dieser Wesenszug kommt mir irgendwie bekannt vor, Ihnen nicht auch?

Dann erzählte er vom Unkraut unter dem Weizen: Das Himmelreich ist wie ein Mensch, der guten Samen auf seinem Acker aussät. Weil aber seine Leute eingeschlafen waren, konnte ein Feind Unkraut zwischen den Weizen säen. Und als dieses wuchs, bemerkten sie das Unkraut. Die Knechte fragten den Bauern, ob er schlechten Samen ausgesät habe und woher das Unkraut komme.

„Das hat ein Feind getan", war die Antwort.

Auf die Frage, ob sie ausjäten sollen, sagte der Bauer: „Nein, da zieht ihr mir zur gleichen Zeit den Weizen aus. Wir warten bis zur Ernte, dann wird das Unkraut geschnitten, gebündelt und verbrannt. Aber der Weizen, der kommt in die Scheune."

Abermals ist der Himmel gleich einem Kaufmann, der gute Perlen suchte, und da er eine köstliche Perle fand, ging er hin und verkaufte alles, was er hatte und kaufte diese eine Perle.

Die Gleichnisse sind hier nicht in ganzer Länge aufgeführt und es sind auch nicht alle genannten Gleichnisse aus diesem Abschnitt beschrieben. Wer sich dafür interessiert, findet sie ausführlich in der Bibel und im Neuen Testament in Matthäus 13.

Die Gleichnisse sind der Kreis, um den herum Jesus verkündet und gelehrt hat. Es ist die Bildsprache, die das alles lebendig werden lässt. Mehr noch, es passt an vielen Stellen in die Situationen unserer Zeit. Man könnte glauben, es war gestern, als er diese Bilder den Menschen nahe brachte.

Dabei müssen wir eines aber beachten: Die Deutung, wie und was Jesus mit diesen Gleichnissen gemeint hat, ist viele Male korrigiert worden, und jeder könnte das auf seine Weise wiederum auch anders interpretieren.

Darum muss man jedes Mal, wenn man die Gleichnisse liest, sich selbst die Frage stellen, was Jesus damit sagen will, denn die Formulierungen, wie sie im Evangelium stehen, lassen mehrere Möglichkeiten zu. Nicht umsonst haben sich mit Jesus unzählige Gelehrte, Studierte und Wissenschaftler beschäftigt und ihre Ergebnisse in Büchern veröffentlicht.

Es ist gut, sich die Gleichnisse, die gerade in diesem Augenblick gebraucht werden, herzunehmen, selbst einzuordnen und auf die eigene Art zu verstehen und zu leben. Die Gleichnisse auf die eigenen Lebensbilder zu produzieren, ist das, was in unserem Alltag die einfache Handhabung im Sinne der von uns gewünschten Flatrate zu Jesus zulässt.

Jesus hat schon damals gewusst, dass wir nicht alle verstehen, was er uns sagen möchte und dass er daher auf einfache Mittel der Darstellung zurückgreifen muss. In der heutigen Zeit würde er sich eventuell auch mit Comic-Zeichnungen weiterhelfen.

In der Regel aber verstehen wir mit Hilfe der Bildsprache, die wir – ob groß oder klein – im Alltag stets benutzen. Wie allerdings die Bildsprache ankommt und wie sie der Hörende in seinen eigenen Bildern umsetzt, ist so unterschiedlich wie die Interpretationsmöglichkeiten der Gleichnisse Jesu.

Möge daher jeder die Erkenntnis gewinnen, die für ihn und sein Leben die richtige Schlussfolgerung zulässt.

Die Flatrate einrichten

Der Router ist dann angeschlossen, wenn wir uns entschieden haben, eine Flatrate zu Jesus haben zu wollen. Die Flatrate funktioniert mit Hilfe unserer Software, die wir selbst auswählen und installieren müssen. Als Software bezeichnen wir generell unsere Werte, unsere Einstellung zum Leben und zu den Menschen. Diese Einstellung sollte unabhängig von den gegenwärtigen gesellschaftlichen Abläufen und Lebenswirklichkeiten sein, denn das würde den Menschen in der inneren Not die Suche ersparen.

Als Fazit können wir auch die christlichen Werte als Software des christlichen Glaubens ansehen. Diese Software ist alltagstauglich, wenn wir unser Leben mit den Werten leben und erleben, die den Glauben ausmachen. Dabei macht uns das Jesus ziemlich leicht. Er hat uns viele Gleichnisse und einfache Erklärungen zur Verfügung gestellt. Diese Software ist übrigens einzeln zu haben und sie ist auf jeden Fall Freeware. Mit anderen Worten: Wir müssen nichts dafür bezahlen.

Die Software ist außerdem erprobt. Wir können deshalb davon ausgehen, dass unser Rechner nicht abstürzen wird. Und ein Handbuch für die Software benötigen wir auch nicht, es gibt genügend Foren, in denen wir uns informieren können. Ein Besuch im Hause des Herrn hilft da manchmal auch weiter. In den allermeisten Fällen aber sagt uns schon unser innerer Instinkt, was eine christliche Verhaltensweise oder auch Nächstenliebe und Güte ist.

Jetzt haben wir also den Router, die Software, die Leitung. Der Kontakt ist nun hergestellt. Jetzt können wir surfen.

In der Einleitung habe ich gesagt, dass wir alleine surfen müssen. Das stimmt, das machen wir meistens im Internet auch so. Alleine surfen, damit hatte ich aber gemeint, dass wir den Mut und die Lust haben müssen, mit Jesus zu surfen. Natürlich müssen wir dazu auch die entsprechenden Voraussetzungen schaffen.

Man kann alleine als Mensch surfen, man muss es aber nicht. Manchmal ist es hilfreich, das mit anderen gemeinsam zu tun.

Natürlich ist das WWW des Glaubens ebenso unendlich weit wie das Internet. Manchmal sitzen wir stundenlang und suchen. Und wenn wir nicht genau wissen, was wir suchen, dann wird es erst recht nicht einfach. Aber wir finden zwischendurch immer wieder Seiten, die uns gefallen und die uns zwar nicht zum gewünschten Ziel führen, die aber dennoch für andere Gelegenheiten in Frage kommen könnten. Was machen wir damit? Wir speichern die Seiten unter den Favoriten ab, damit sie uns nur nicht verloren gehen.

Im WWW des Glaubens ist das auch nicht anders. Die Informationsflut und die Interpretationsmöglichkeiten der Bibel und anderer Texte sind hier auch unendlich – besonders dann, wenn man sich zum ersten Mal damit beschäftigt. Das ist verständlich, dies geht allen so, selbst dann, wenn sie ihr ganzes Leben mit der Bibel verbracht haben.

Es gibt immer neue Informationen, man entdeckt immer neue Textpassagen und sieht bekannte Texte plötzlich unter einem anderen Aspekt, weil ein bestimmtes Erlebnis unser Augenmerk in andere Richtungen lenkt als zuvor.

Trotzdem wollen wir unsere Flatrate für den Alltag weiterhin unkompliziert halten. Dies hatten wir uns vom Anfang des Buches an vorgenommen.

Wie im Internet machen wir das auch hier mit Hilfe der Favoriten. Eine kleine Auswahl meiner persönlichen Favoriten habe ich im nachfolgenden Kapitel aufgelistet. Sie ermöglichen es uns, die einzelnen Seiten immer dann aufzurufen, wenn wir sie gerade brauchen.

Für Ihre eigene Suche in der Bibel und im Neuen Testament sind am Ende dieses Buches ein paar leere Seiten eingefügt, auf denen Sie Ihre eigenen Favoriten eintragen können.

Beim Installieren Ihrer ganz persönlichen Flatrate zu Jesus wünsche ich Ihnen nun gutes Gelingen. Mögen Sie beim Surfen immer eine Antwort bekommen und immer finden, wonach Sie suchen. Ich freue mich, wenn Ihnen dieses Buch dabei eine kleine Hilfe sein kann.

Meine Favoriten im WWW des Glaubens

Hier meine ausgewählten Losungen aus einem fast 30 Jahre alten Buch. Sie sind dort ganz bestimmten Tagen des Jahres 1975 zugeordnet. Ich zitiere sie für mich immer dann, wenn sie inhaltlich das sagen, was ich an diesem Tag gerade als tröstlich und ermutigend empfinde. Dabei haben sie 2011 als ich sie ausgewählt habe, bis heute noch die gleiche Kraft wie 1975.

Auf der ersten Seite dieses Buches steht ein kleiner Einführungstext:

Die Losungen sind wie eine Brücke des Wortes, die viele Menschen miteinander verbindet. (…) Die beiden Worte der Bibel in den täglichen Losungen sind wie eine Brücke zwischen denen, die miteinander unterwegs sind, die nach Weisung suchen für ihren Weg, nach Antwort auf viele Fragen in ihrem Leben. (…)

Quelle:
Die täglichen Losungen und Lehrtexte der Brüdergemeinde für das Jahr 1975, 245. Ausgabe, herausgegeben von der Direktion der Evangelischen Brüder-Unität Distrikt Bad Boll, erschienen im Quell Verlag der Evang. Gesellschaft, Stuttgart

Alles vermag ich durch ihn, der mich stark macht.
(Philipper 4,13)

Der Herr ist mein Hirte, mir wird nichts mangeln.
(Psalm 23,1)

Selig sind die da Leid tragen, denn sie sollen getröstet werden.
(Matth. 5,4)

Wahrlich, ich sage euch: Viele Propheten und Gerechte haben begehrt, zu sehen, was ihr seht, und haben's nicht gesehen, und zu hören, was ihr hört, und haben's nicht gehört.
(Matth. 13,17)

Er stößt die Gewaltigen vom Thron und erhebt die Niedrigen.
(Lukas 1,52)

Ihr Kleingläubigen, warum seid ihr so furchtsam?
(Matth. 8,26)

Es ist dir gesagt, Mensch, was gut ist, und was der Herr von dir fordert, nämlich Gottes Wort halten und Liebe üben und demütig sein vor deinem Gott.
(Micha 6,8)

Spricht Thomas zu Jesus: Herr, wir wissen nicht, wo du hingehst; und wie können wir den Weg wissen? Jesus spricht zu ihm: Ich bin der Weg und die Wahrheit und das Leben.
(Joh. 14,5-6)

Ich habe euch Leben und Tod, Segen und Fluch vorgelegt, damit du das Leben erwählst.
(5. Mose 30,19)

Die Pforte ist eng und der Weg ist schmal, der zum Leben führt, und wenige sind ihrer, die ihn finden. (Matth. 7,14)

Ist Gott nicht auch der Heiden Gott? Ja, freilich auch der Heiden Gott.
(Römer 3,29)

Siehe, ich lege in Zion einen Grundstein, einen bewährten Stein, einen kostbaren Eckstein, der fest gegründet ist. Wer glaubt, der flieht nicht.
(Jesaja 28,16)

Jesus spricht: Wer meine Rede hört und tut sie, der gleicht einem klugen Mann, der sein Haus auf den Felsen baue.
(Matth. 7,24)

Siehe, du wirst Heiden rufen, die du nicht kennst, und Heiden, die dich nicht kennen, werden zu dir laufen um des Herrn Willen, deines Gottes.
(Jesaja 55,5)

Ein Prophet, der Träume hat, der erzähle Träume; wer aber mein Wort hat, der predige mein Wort recht. Wie reimen sich Stroh und Weizen zusammen? Spricht der Herr.
(Jeremia 23,28)

Ich jage nach dem vorgesteckten Ziel, nach dem Kleinod der himmlischen Berufung Gottes in Christus Jesus.
(Philipper 3,14)

Haltet mich nicht auf, denn der Herr hat Gnade zu meiner Reise gegeben.
(1. Mose 24,56)
Bei Gott steht die Kraft zu helfen und fallen zu lassen.
(2. Chronik 25,8)

Zwar kann niemand Gott sehen; aber er zeigt sich den Menschen in seinen Werken. Weil er die Welt geschaffen hat, können sie seine ewige Macht und sein göttliches Wesen mit ihrem Verstand erkennen.
(Römer 1,20)

Und Jesus kam in des Petrus Haus und sah, dass dessen Schwiegermutter lag und hatte das Fieber. Da ergriff er ihre Hand, und das Fieber verließ sie. Und sie stand auf und diente ihm.
(Matth. 8,14-15)

Pflüget ein Neues und säet nicht unter die Dornen!
(Jeremia 4,3)

Sollte dem Herrn etwas unmöglich sein?
(1. Mose 18,14)

Herr, es ist dir nicht schwer, dem Schwachen gegen den Starken zu helfen.
(2. Chronik 14,10)

Ergreifet den Schild des Glaubens, mit welchem ihr auslöschen könnt alle feurigen Pfeile des Bösen.
(Epheser 6,16)

Die da sitzen mussten in ihrer Finsternis und Dunkel, gefangen in Zwang und Eisen, die dann zum Herrn riefen in ihrer Not, und er half ihnen aus ihren Ängsten: Die sollen dem Herrn danken für seine Güte und für seine Wunder, die er an den Menschenkindern tut.
(Psalm 107,10,13,15)

Es ist zum Verzweifeln! Wir haben nur noch den Tod zu erwarten. Wer kann uns aus dieser ausweglosen Lage retten? Wir danken Gott durch unseren Herrn Jesus Christus: Er hat es getan!
(Römer 7, 24-25)

Jesus spricht: Euer Vater weiß ja doch, was ihr nötig habt, noch ehe ihr ihn bittet.
(Matth. 6,8)

Es ist dir gesagt, Mensch, was gut ist, und was der Herr von dir fordert, nämlich Gottes Wort halten und Liebe üben und demütig sein vor deinem Gott.
(Micha 6,8)

Mache dich auf, werde Licht; denn dein Licht kommt, und die Herrlichkeit des Herrn geht auf über dir.
(Jesaja 60,1)

Vor allem kommt es darauf an, dass ihr mit eurem Verhalten der Guten Nachricht von Christus Ehre macht.
(Philipper 1,27)

Dieses Buch hat nicht die Absicht, historischen und wissenschaftlichen Auslegungen und Theorien gerecht zu werden. Auch erhebt es keine Ansprüche, alles Wissenswerte und Notwendige zusammengetragen zu haben.

Es soll vielmehr ein Leitfaden und eine Orientierungshilfe sein für Menschen, die für ihr Leben auf der Suche nach christlichen Werten und Wurzeln sind und mit Jesus in Verbindung treten wollen – eine Wegbegleitung für Menschen wie du und ich, die in ihrem Leben dem Glauben mehr Raum geben möchten.

Verwendete Quellen:

- Die täglichen Losungen und Lehrtexte der Brüdergemeinde für das Jahr 1975, 245. Ausgabe, herausgegeben von der Direktion der Evangelischen Brüder-Unität Distrikt Bad Boll im Quell Verlag der Evang. Gesellschaft, Stuttgart

- Lutherbibel, revidierter Text 1984, durchgesehene Ausgabe in neuer Rechtschreibung, 1999, Deutsche Bibelgesellschaft, Stuttgart

- Barbara Herrmann, Traumhafte Mosel, Echternach & Untermosel,

Für Ihre ganz eigenen Favoriten

Für Ihre ganz eigenen Favoriten

Mehr Bücher von Barbara Herrmann

Violas Vermächtnis

So nah kann nur der Himmel sein

Es gibt Dinge zwischen Himmel und Erde, die wir nicht verstehen ...

Renate steht vor dem Nichts: Ihr Mann wendet sich von ihr ab, weil er mit ihrer aussichtslosen finanziellen Situation nicht klarkommt.

Im Kampf um ihre Existenz erkennt Renate schließlich die Kraft zwischen Himmel und Erde. Auch Gero macht eine schwere Zeit durch. Seine Schwester Viola stirbt und gibt ihm das Vermächtnis mit auf den Weg, eine Frau zu finden, die seine Hilfe braucht.

Die Geschichte zweier Schicksale, die sich vor der prachtvollen, geschichtsträchtigen Kulisse der Kurstadt Baden-Baden begegnen. Mit mehr als 20 Schwarzweiß-Fotos der schönsten Orte der Stadt.

Die Fragen und Antworten auf Zufälle und andere mystische Zufälligkeiten in verschiedenen Lebenssituationen unserer Zeit sind die perfekte Würze dieses Romans.

Mehr Infos in Barbaras und Heides Bücherwelt.: http://www.heidezimmermann.de

Jesus und die schwarzen Schafe

Einsatz auf Erden

Schon seit zweitausend Jahren sieht Jesus dem Treiben der Menschen auf der Erde zu. Doch langsam reißt ihm der Geduldsfaden. Mit großem Aufwand hatte er damals seinen Jüngern gelehrt, was sie predigen und verkünden sollen, aber das Personal wird immer schlechter, und mittlerweile laufen ihm die Schäfchen in Scharen davon.

So entschließt er sich, fünf erfahrende Jünger auf die Erde zu schicken, um dem Treiben Einhalt zu gebieten. Doch Markus, Matthäus, Lukas, Paulus und Judas rauschen von einem Abenteuer ins nächste, denn sie haben durch ihre Arbeit im Himmel keinen blassen Schimmer von der Welt von heute. Jesus' Sekretärin Tabea kommt schließlich die rettende Idee …

Mehr Infos in Barbaras und Heides Bücherwelt.:
http://www.heidezimmermann.de

Noch mehr Wissenswertes über meine Projekte und Bücher auf meiner Website. Ich freue mich über Ihren Besuch.